William Shakespeare, Christoph Martin   Wieland

Die Irrungen oder die Doppelten Zwillinge

Translation of: The Comedy of Errors

William Shakespeare, Christoph Martin   Wieland

Die Irrungen oder die Doppelten Zwillinge
Translation of: The Comedy of Errors

ISBN/EAN: 9783337352110

Hergestellt in Europa, USA, Kanada, Australien, Japan

Cover: Foto ©Suzi / pixelio.de

Weitere Bücher finden Sie auf **www.hansebooks.com**

Die Irrungen, oder die doppelten Zwillinge,

William Shakespeare

ein Lustspiel.

Übersetzt von Christoph Martin Wieland

Personen.

Salinus, Herzog von Ephesus.
Aegeon, ein Kauffmann von Syracus.
Antipholis von Ephesus und Antipholis von Syracus,

Zwillings-Brüder
und Söhne von Aegeon und Aemilia, aber einander
unbekannt.
Dromio von Ephesus und Dromio von Syracus, Zwillings-
Brüder und
Sclaven der beyden Antipholis.
Balthasar, ein Kauffmann.
Angelo, ein Goldschmidt.
Zween andre Kauffleute.
Dr. Zwik, ein Schulmeister und Beschwörer.
Aemilia, Aegeons Weib, eine Abbtißin zu Ephesus.
Adriana, des Antipholis von Ephesus Weib.
Eine Courtisane.
Luciana, Ihre Schwester.
Kerkermeister, Gerichtsdiener, Trabanten, und andre
stumme Personen.

Die Scene ist zu Ephesus.

Erster Aufzug.

Erste Scene.
(Des Herzogs Palast.)
(Der Herzog von Ephesus, Aegeon, ein Kerkermeister, und
einige vom
 Gefolge des Herzogs treten auf.)

Aegeon.
Säume dich nicht länger, Salinus, durch den Ausspruch
meines
Urtheils, meinem unglüklichen Leben ein Ende zu machen.

3

Herzog. Kauffmann von Syracus, sage nichts mehr zu
deiner Verantwortung; ich kan zum Nachtheil des Gesezes
nicht partheylich seyn. Das neuliche grausame Verfahren
euers Herzogs gegen einige Kauffleute, unsre getreue
Unterthanen, welche, weil sie nicht Gold genug hatten ihr
Leben loszukaufen, sein strenges Gesez mit ihrem Blute
besiegelt haben, schließt alles Erbarmen aus unsern
dräuenden Bliken aus. Denn seitdem diese verderbliche
Zwietracht zwischen deinen aufrührischen Landsleuten und
uns ausgebrochen, ist in der allgemeinen Versammlung des
Volks, sowol von den Syracusern als von uns, beschlossen
worden, keine Handlung noch Gemeinschaft zwischen
unsern feindseligen Städten zu erlauben; noch mehr,
welcher gebohrne Epheser sich auf den Märkten und
Jahrsmessen von Syracus betreten läßt, der stirbt; und
hinwieder, welcher gebohrne Syracuser in der Bay von
Ephesus gefunden wird, der stirbt, und seine Güter werden
zu Handen des Staats eingezogen; es sey dann, daß er
tausend Mark zu seinem Lösegeld bezahlen könne. Nun
belauft sich alles was du hast, nach der äussersten
Schazung, kaum auf hundert Mark; du bist also nach dem
Geseze zum Tode verdammt.

Aegeon.
Mein Trost ist, daß die Vollziehung euers Worts noch vor
Sonnen-
Untergang auch meinen Unglüks-Fällen ein Ende machen
wird.

Herzog. Gut, Syracuser, erzähl' uns kürzlich die Ursache,
warum du deine väterliche Heimath verlassen hast, und
warum du hieher nach Ephesus gekommen bist.

Aegeon. Eine schwerere Verrichtung könnte mir nicht
auferlegt werden, als daß ich von meinem
unaussprechlichen Kummer reden soll. Jedoch, damit die

Welt erkenne, daß der natürliche Lauf der menschlichen Zufälle, und nicht irgend ein scheußliches, die Rache der Götter aufforderndes Verbrechen, mir dieses unglükliche Ende zuzieht; so will ich sagen, was mein Schmerz mir zu sagen Vermögen lassen wird. Zu Syracus ward ich gebohren, und mit einem Weibe vermählt, die mich glüklich machte, und es durch mich selbst gewesen wäre, wenn ein feindseliges Schiksal die Dauer unsrer Glükseligkeit gestattet hätte. Mit ihr lebt' ich vergnügt; mein Vermögen nahm durch beglükte Reisen zu, die ich häuffig nach Epidamnum machte; bis der Tod meines Factors, und die Sorge für meine Güter, die dadurch ohne Aufsicht gelassen worden, mich aus den Umarmungen meiner Gattin riß. Ich war noch nicht volle sechs Monat von ihr entfernt, als sie (obgleich zu einer Zeit, da sie unter der angenehmen Straffe ihres Geschlechts schmachtete,) Anstalten machte, mir nachzufolgen, und bald und glüklich anlangte wo ich war. Sie war nicht lange da, so wurde sie eine freudenvolle Mutter von zween hübschen Knaben, die einander so wundersam gleich sahen, daß es unmöglich war, sie anders, als durch Namen zu unterscheiden. In eben dieser Stunde und an dem nemlichen Ort, ward eine arme Frau gleichfalls von zween männlichen Zwillingen entbunden, die einander eben so gleich sahen; diese kaufte ich ihren Eltern ab, denn es waren bettelarm Leute, und zog sie auf, daß sie meinen Söhnen aufwarten sollten. Mein Weib, die auf zween solche Knaben nicht wenig stolz war, drang täglich in mich, unsre Heimreise zu beschleunigen; ich willigt' endlich, wiewol ungern ein, und wir giengen, ach allzubald! zu Schiffe. Wir hatten kaum eine Meile von Epidamnum fortgesegelt, als ein plözlicher Sturm den Tag verdunkelnd, uns nur noch so viel düstres Licht übrig ließ als nöthig war, unsern erschroknen Augen die Gewißheit des unvermeidlichen Todes zu zeigen. Ich, für meinen eignen Theil, würde mich willig darein ergeben haben; aber das herzrührende Jammern eines geliebten Weibes, und das Geschrey ihrer holdseligen Kinder, die, ohne zu wissen was sie fürchten sollten, nur weinten, weil sie ihre Mutter weinen sahen, nöthigte mich auf Rettung oder wenigstens auf einige Frist für sie und mich zu denken; und diß war es, denn kein anders Mittel hatt' ich nicht. Das Schiffs-Volk suchte seine Rettung in unserm Boot, und überließ uns das Schiff, welches schon zum Versinken reif war. Mein Weib, für ihren Erstgebohrnen am meisten besorgt, hatte ihn an einen vorräthigen dünnen Mastbaum gebunden, dergleichen die Seeleute zur Vorsorge mit sich zu nehmen pflegen; zu ihm wurde einer von den andern beyden Zwillingen gebunden, indessen daß ich mit den übrigen beyden das nemliche that. Nachdem wir nun die Kinder solchergestalt besorgt hatten, banden wir uns, mein Weib und ich, die Augen auf den Gegenstand unsrer zärtlichen Sorgen geheftet, jedes an das andere Ende des Mastbaums, und überliessen uns so den Wellen, von denen unser Schiff, wie uns däuchte, nach Corinth getrieben wurde. Endlich zerstreute die Sonne das Gewölke, und die See wurde wieder ruhiger; da entdekten wir bey ihrem wohlthätigen Licht zwey Schiffe, die auf uns zusegelten, eines von Corinth, und das andre von Epidaurus; aber eh sie zu uns kamen—o, zwingt mich nicht fortzufahren! Errathet das Folgende aus dem Vorhergehenden.

Herzog. Nein, fahre fort, alter Mann, brich deine Erzählung nicht so ab; wenn wir dich nicht retten können, so können wir doch Erbarmniß mit dir haben.

Aegeon. O hätten die Götter das gethan, so hätt' ich keine Ursach, sie unbarmherzig gegen uns zu nennen. Wir waren nur wenige Meilen noch von diesen Schiffen entfernt, als unser hülfloses Schiff, durch einen plözlichen Stoß an einen im Meer verborgnen Felsen mitten entzwey geschmettert wurde. Das Glük, welches mein Weib und mich auf eine so

6

ungerechte Weise schied, ließ einem jeden was uns zugleich Freude und Kummer machte. Ihr Theil, der armen Seele! Vermuthlich weil er leichter beladen war, wurde vom Wind schneller vorwärts getrieben, und alle drey wurden in meinem Gesicht, von Corinthischen Fischern, wie mir dauchte, aufgefangen. Endlich bemächtigte sich ein andres Schiff meiner auch; ich fand bekannte Freunde darinn, welche sich freuten, daß sie uns in einer solchen Noth hatten Hülfe leisten können; sie würden auch, mir zu lieb, die Fischer ihrer Beute gerne beraubt haben; allein da ihre Barke schlecht besegelt war, mußten sie es aufgeben, und richteten ihren Lauf der Heimat zu — Und nun habt ihr gehört was mich meiner Glükseligkeit beraubt hat, und durch was für Unfälle mein Leben nur dazu verlängert worden ist, daß ich klägliche Geschichten erzählen kan, von denen mein eignes Unglük der Innhalt ist.

Herzog.
Um derer willen, um welche du traurest, erzeige mir die Gefälligkeit, und melde noch, wie es ihnen und dir ferner ergangen
ist.

Aegeon. Mein jüngster Sohn bekam als er achtzehn Jahre hatte, ein heftiges Verlangen, seinen Bruder aufzusuchen, und ließ nicht nach, biß ich ihm erlaubte sich auf den Weg zu machen, und seinen Diener (der in dem gleichen Fall wie er, und seines Bruders beraubt war, aber den Namen desselben, wie mein Sohn den Namen seines ältern Bruders, behalten hatte,) zu seiner Gesellschaft mitzunehmen. Ich wagte also einen geliebten Sohn, den ich hatte, um denjenigen zu finden, den ich nicht hatte; und verlohr dadurch beyde. Fünf Sommer hab' ich schon angewandt, um sie in dem fernsten Griechenland zu suchen, und nachdem ich durch alle Gegenden von Asien auf- und niedergeschwärmt, kam ich endlich nach Ephesus, zwar ohne Hoffnung sie da zu finden, aber doch entschlossen, weder diesen noch irgend einen andern von Menschen bewohnten Ort undurchsucht zu lassen. Allein hier muß ich die Geschichte meines Lebens enden, und der Tod würde mir willkommen seyn, wenn ich von allen meinen Reisen nur soviel erhalten hätte, daß ich von ihrem Leben versichert wäre.

Herzog. Unglüklicher Aegeon, den die Göttinnen des Geschikes dazu bestimmt haben, den äussersten Grad der grausamsten Widerwärtigkeiten zu erfahren; glaube mir, wär' es nicht gegen unsre Geseze, (welche Fürsten, wenn sie auch wollten, nicht vernichten können,) wär' es nicht gegen meine Crone, meinen Eid, und meine Würde, mein Herz würde keinen Augenblik verziehen, der Regung Plaz zu geben, die darinn für dich spricht. Allein, ob dich gleich ein unwiderrufflicher Spruch zum Tode verurtheilt, so will ich doch soviel zu deiner Rettung thun, als mir Macht gelassen ist; ich schenke dir also noch diesen Tag, Kauffmann, damit du dein Leben durch andrer Beyhülfe zu erhalten suchen könnest; stelle alle Freunde, die du in Ephesus haben magst, auf die Probe; bettle oder borge soviel als du nöthig hast, um dein Lösegeld voll zu machen, und lebe; wo nicht, so bist du verurtheilt zu sterben. — Kerkermeister, nimm ihn in deine Aufsicht.

(Der Herzog und Gefolge gehen ab.)

Kerkermeister.
Ich will, Gnädigster Herr.

Aegeon.
Hülf- und hoffnunglos geht Aegeon, um das Ende seines Lebens einen
Tag später zu sehen.

(Aegeon und Kerkermeister gehen ab.)

Zweyte Scene.
(Antipholis von Syracus, ein Kauffmann und Dromio treten auf.)

Kauffmann. Wenn ihr nicht wollt, daß euer Geld sogleich wieder verlohren sey, so gebt aus, ihr seyd von Epidamnum. Erst diesen nemlichen Morgen ist ein Syracusischer Kauffmann hier eingezogen worden, und weil er nicht im Stande war, sein Leben loszukauffen, so muß er nach unserm Gesez noch vor Sonnen Untergang sterben. Hier ist euer Geld, das ihr bey mir hinterlegt hattet.

Antipholis. Geh, Dromio, trag es in den Centaur, wo wir unser Quartier genommen haben; warte dort bis ich komme, in einer Stunde wird es Mittagessens-Zeit seyn. Ich will indessen die Stadt in Augenschein nehmen, mit den Kauffleuten Bekanntschaft machen, die Gebäude anschauen, und dann in mein Wirthshaus zurükkommen und schlafen; denn ich bin von langwierigen Reisen ganz steiff und müde. Geh deiner Wege.

Dromio.
Mancher würde euch beym Worte nehmen, und mit einem so hübschen
Reisegeld seines Wegs gehen.

(Dromio geht ab.)

Antipholis. Er ist ein ehrlicher Schurke, mein Herr, der mich, wenn ich niedergeschlagen und melancholisch bin, mit seinen närrischen Einfällen oft wieder aufgeräumt macht. Wie ists, wollt ihr nicht mit mir in der Stadt herum gehen, und hernach in meinem Gasthof mit mir zu Mittag essen?

Kauffmann. Mein Herr, ich bin zu etlichen andern Kauffleuten bestellt, von denen ich einen ansehnlichen Profit zu machen hoffe; ihr werdet mich also entschuldiget halten. Sobald es fünfe geschlagen hat, will ich euch, wenn es beliebig ist, auf dem Markt wieder antreffen, und euch dann bis zur Schlafzeit Gesellschaft leisten. Dißmal ruffen mich meine Geschäfte von euch ab.

Antipholis.
Lebet wohl bisdahin; ich will indeß allein herumgehen, und die
Stadt besehen.

Kauffmann.
Mein Herr, ich überlaß' euch euerm eignen Vergnügen.

(Der Kauffmann geht ab.)

Dritte Scene.

Antipholis. Wer mich meinem eignen Vergnügen überläßt, überläßt mich einem Ding, daß ich nirgends finden kan. Ich bin in der Welt wie ein Tropfen Wassers, der im Ocean einen andern Tropfen suchen will, und indem er hineinfallt sich selbst verliehrt, ohne den andern zu finden. So geht es unglüklicher Weise auch mir; indem ich eine Mutter und einen Bruder suchen will, verliehr' ich mich selbst. (Dromio von Ephesus tritt auf.) Hier kommt mein Kerl wieder—Was hat das zu bedeuten?Warum kommst du sobald wieder zurük?

Dromio von Ephesus. Sobald wieder zurük! Sagt vielmehr:

Warum findst du mich so spät? Der Capaun dorrt aus, das Spanferkel fällt vom Spieß ab, die Gloke hat zwölfe geschlagen; meine Frau machte, daß es auf meinem Baken eins wurde; sie ist so heiß, weil das Essen kalt wird; das Essen wird kalt, weil ihr nicht heim kommt; ihr kommt nicht heim, weil ihr keinen Appetit habt; ihr habt keinen Appetit, weil ihr eure Fasten gebrochen habt; und wir, welche wissen was fasten und beten ist, wir müssen nun dafür büssen, daß ihr gesündigt habt.

Antipholis. Spare deinen Athem, junger Herr; sage mir erst, ich bitte dich, wo du das Geld gelassen hast, das ich dir gab?

Dromio von Ephesus.
Oh—Die drey Bazen, die ich Mittwochs kriegte, um den Sattler für
den Schwanz-Riemen an meiner Frauen ihrem Pferd zu bezahlen?Der
Sattler hat sie, Herr; ich habe sie nicht behalten.

Antipholis. Ich bin izt in keinem spaßhaften Humor; sag' mir ohne zu schäkern, wo ist das Geld?Wie unterstehst du dich, an einem Orte wo wir fremde sind, eine so grosse Summe aus deiner eignen Verwahrung zu geben?

Dromio von Ephesus. Ich bitte euch Herr, scherzet wenn ihr bey Tische sizt. Meine Frau hat mich in gröster Eile geschikt euch zu suchen; wenn ihr nicht gleich kommt, wird es mein Schedel entgelten müssen; mir däucht, euer Magen sollte, wie der meine, eure Gloke seyn, und euch ohne einen Boten heimschlagen.

Antipholis. Komm, Dromio, komm, diese Possen sind izt zur Unzeit, spare sie auf eine lustigere Stunde. Wo ist das Gold, das ich dir aufzuheben gab?

Dromio von Ephesus.
Mir, Herr?Wie, ihr habt mir kein Gold gegeben.

Antipholis. Hey da, Herr Spizbube, hör auf den Narren zu treiben, und sag mir, wie hast du deinen Auftrag besorgt?

Dromio von Ephesus.
Mein Auftrag war, euch von dem Markt nach Hause zu holen, in den
Phönix, Herr, zum Mittag-Essen, meine Frau und ihre Schwester
warten auf euch.

Antipholis. Nun, so wahr ich ein Christ bin, antworte mir wo du mein Geld hingethan hast, oder ich werde dir diesen kurzweiligen Kragen umdrehen, der so unzeitigen Spaß treibt wenn es mir nicht gelegen ist; wo sind die tausend Mark, die du von mir empfangen hast?

Dromio von Ephesus. Ich hab' einige Marken von euch auf meinem Kopf, und einige Marken von meiner Frauen auf meinen Schultern; aber von tausend Mark ausser diesen weiß ich nichts. Wenn ich sie Euer Gestreng wieder zurükzahlen würde, so würdet ihr's vielleicht nicht geduldig tragen.

Antipholis.
Deiner Frauen Marken?Welcher Frauen, Schurke?Was hast du für eine
Frau?

Dromio von Ephesus. Euer Gestreng eigne Frau, meine Frau zum Phönix; Sie, welche fasten muß, bis ihr nach Hause kommt, und betet, daß ihr bald kommen möget.

Antipholis. Wie, willt du mich so ins Gesicht für deinen Narren haben, und dir's nicht wehren lassen?Da nimm das,

Herr Schurke.

(Er giebt ihm Schläge.)

Dromio von Ephesus. Was denkt ihr, Herr?Um Gottes
willen, haltet eure Hände—Nein, wenn ihr nicht wollt,
Herr, so will ich meine Füsse brauchen —

(Er geht ab.)

Antipholis. So wahr ich lebe, der Bube ist durch irgend
einen schlimmen Streich um mein Geld gebracht worden.
Man sagt, diese Stadt sey voller Spizbuben-Gesindel*, als,
Taschenspieler, so die Augen betrügen, Zauberer, so durch
magische Getränke das Gemüth zerrütten, und Hexen, so
den Leib verunstalten; verkleidete Beutelschneider,
geschwäzige Marktschreyer, und wer weiß was noch mehr
für dergleichen Leute die sich alles erlaubt halten; wenn es
so ist, so will ich desto schneller heimgehen. Ich will in den
Centaur, und diesen Schurken aufsuchen, ich sorge, mein
Geld ist nicht wol verwahrt.

{ed.-* Diß war der Character, den die Alten von dieser Stadt
geben.
Daher das gemeine Sprüchwort: Ejesia alexijarmaka, so
auch beym
Menander, wo Ejesia grammata in dem nemlichen Sinn
vorkommt.
Warburton.}

(Er geht ab.)

Zweyter Aufzug.

Erste Scene.
(Das Haus des Antipholis von Ephesus.)
(Adriana und Luciana treten auf.)

Adriana. Weder mein Mann noch mein Sclave kommt
zurük, den ich doch so eilfertig seinem Herrn entgegen
geschikt habe?ganz gewiß, Luciana, es ist schon zwey Uhr.

Luciana. Vielleicht ist er vom Markte weg, mit irgend einem
Kauffmann, der ihn eingeladen hat, zum Mittag-Essen
gegangen; meine liebe Schwester, wir wollen essen, und uns
nicht deßwegen grämen. Ein Mann ist Herr über seine
Freyheit, und hat keinen andern Herrn als seine
Gelegenheit; sie kommen und gehen, je nachdem es ihnen
gelegen ist; und da es nun einmal so ist, so seyd geduldig,
Schwester.

Adriana.
Warum sollen sie mehr Freyheit haben, als wir?

Luciana.
Weil ihre meisten Geschäfte ausser dem Hause ligen.

Adriana.
Seht, wenn ich ihn auf diesen Fuß bedienen will, nimmt er's
übel.

Luciana.
Oh, ihr müßt wissen, daß er der Zaum euers Willens ist.*

{ed.-* Der Zusammenhang ligt hier in den Reimen, worinn
dieser Dialogus im Original geschrieben ist.}

Adriana.
Nur Esel werden sich gutwillig so zäumen lassen.

Luciana. Es ist nichts unter dem Himmel, das nicht in der

Erde, in der See, oder in der Luft einem andern unterworfen sey. Die Fische, die Thiere und die Vögel sind ihren Männlein unterworfen, und stehen unter ihrem Gebott; der göttlichere Mensch, Herr über sie alle, Beherrscher dieser weiten Welt und des Oceans, der sie umströmt, mit einer denkenden Seele begabt, die ihn über alle andern Thiere hinaufsezt, wird nicht in diesem einzigen Stük weniger als sie seyn; er ist Herr über sein Weib, und ihr rechtmäßiger Gebieter; laßt euch's also nicht verdriessen, euern Willen nach dem seinigen zu stimmen.

Adriana. Und doch ist es bloß diese Dienstbarkeit, die euch bewegt unverheurathet zu bleiben.

Luciana.
Nicht diese Unterwürfigkeit, sondern die Unruhen und Sorgen des
Ehebetts.

Adriana. Aber wenn ihr verheurathet wäret, so wolltet ihr doch auch etwas zu befehlen haben.

Luciana. Eh ich die Liebe kennen lerne, will ich mich in der Kunst zu gehorchen üben.

Adriana.
Aber wie, wenn euer Mann sich gerne ausser dem Hause verweilte?

Luciana.
Ich würde Geduld haben, bis er wieder heim käme.

Adriana. Eine ungereizte Geduld kan leicht geduldig seyn; es ist keine Kunst gut zu seyn, wenn man keine Ursache zum Gegentheil hat; wir wollen haben, daß der Unglükliche, den sein Kummer quält, ruhig bleiben soll, weil uns sein Geschrey beunruhiget; aber drükte uns die

15

nemliche Bürde, wir würden eben so viel oder noch mehr klagen als er. Du, die du keinen unzärtlichen Ehegatten hast, der dich kränkte, weißst mir keinen andern Trost zu geben, als daß du mich zu hülfloser Geduld anweisest; aber wir wollen sehen, wie lange du diese alberne Geduld behalten wirst, wenn du's erlebst, mein Schiksal zu erfahren.

Luciana. Gut, ich will mich einmal auf einen Tag verheurathen um ein Probe zu machen. Aber hier kommt euer Sclave, sein Herr wird also nicht weit weg seyn.

Zweyte Scene.
(Dromio von Ephesus zu den Vorigen.)

Adriana.
Sag', ist dein zaudernder Herr nun bey der Hand?

Dromio von Ephesus.
Nein, er ist mit zwo Händen bey mir, und davon sind meine zwey
Ohren Zeugen.

Adriana.
Sag', redtest du mit ihm? Sagt' er dir seine Meynung?

Dromio von Ephesus. Ja, ja, er sagte mir seine Meynung auf mein Ohr; Dank seiner Hand; es wurde mir sauer sie zu begreiffen.

Luciana.
Sprach er so zweydeutig, daß du seine Meynung nicht fassen konntest?

Dromio von Ephesus. Nein, er schlug so gerade zu, daß ich

16

seine Ohrfeigen nur gar zu gut faßte; und doch sprach er so zweydeutig, daß ich kaum verstehen konnte, was sie bedeuten sollten.

Adriana. Aber sag', ich bitte dich, wird er heim kommen?Es scheint, er bekümmert sich viel darum, seinem Weib gefällig zu seyn.

Dromio. Versichert, Frau, mein Herr ist nicht recht gescheidt; das hat seine Richtigkeit; wie ich ihn bat, er möchte heim zum Mittag-Essen kommen, so fragt' er mich nach tausend Mark an Gold; es ist Essenszeit, sagt' ich; mein Gold, sagt' er; euer Essen verdorrt, sagt' ich; mein Gold, sagt' er; wollt ihr heim kommen, sagt' ich; mein Gold, sagt' er; wo sind die tausend Mark, die ich dir gab, Galgenschwengel?Das Ferkel, sagt' ich, ist ganz verbraten; mein Gold, sagt' er. Meine Frau, sagt' ich; an den Galgen mit deiner Frau! Ich weiß nicht wer deine Frau ist; zum Henker mit deiner Frau!

Luciana.
Sagte wer?

Dromio. Sagte mein Herr. Ich weiß nichts, sagt' er, von keinem Haus, und von keinem Weib und von keiner Frau, sagt' er; so daß ich also meine Commißion, die meiner Zunge aufgegeben werden sollte, Dank sey ihm! auf meinen Schultern heimtrage; denn mit einem Wort, er gab mir Schläge.

Adriana.
Geh wieder zurük du Sclave, und hol' ihn heim.

Dromio. Geh wieder und laß dich noch einmal prügeln?Ich bitt' euch schönstens Frau, schikt einen andern Abgesandten.

Adriana.
Zurük, Sclave, oder ich will dir den Schädel
entzweyschlagen.

Dromio. Und er wird den Bruch mit andern Schlägen
wieder ganz machen; das wird gut gehen.

Adriana.
Pake dich, du wortreicher Schlingel, hohl deinen Herrn
heim.

Dromio. Bin ich dann so rund mit euch als ihr mit mir, daß
ihr mich so wie eine Kugel vor euch her stoßt?Ihr stoßt
mich fort, und er wird mich wieder zurükstossen; wenn ich
in einem solchen Dienst ausdauren soll, müßt ihr ein
ledernes Futteral über mich machen lassen.

(Er geht ab.)

Dritte Scene.

Luciana.
Fy, wie entstellt diese Ungeduld euer Gesicht!

Adriana. Er kan seinen Liebling seiner angenehmen
Gesellschaft nicht berauben, und ich muß indeß daheim
sizen, und zum Verhungern nach einem freundlichen Blik
schmachten. Hat denn das Alter die anziehende Schönheit
schon von meiner armen Wange genommen?Wenn es ist, so
hat Er sie verderbt. Ist mein Gespräch troken, und mein Wiz
stumpf?Seine Unfreundlichkeit ist der harte Marmor, woran
er seine Schärfe verlohren hat. Gefallen ihm andre besser,
weil sie schöner aufgepuzt sind?Das ist nicht mein Fehler; er
ist Herr über mein Vermögen. Was für Ruinen können an
mir gefunden werden, die er nicht gemacht hat?Würde nicht

18

ein einziger sonnichter Blik von ihm, meine verwelkte Schönheit wieder herstellen? Aber ach! er verschmäht ein Weib, von der er ohne Maaß geliebt wird, und sucht, ausser seinem Haus, ein Vergnügen —

Luciana.
Sich selbst peinigende Eifersucht! Fy, jagt sie fort.

Adriana. Nur gefühllose alberne Tröpfe können bey solchen Beleidigungen gleichgültig bleiben; ich bin gewiß, seine Augen haben irgendwo einen andern Gegenstand den sie anbeten. Warum würd' er sonst nicht hier seyn? Schwester, ihr wißt, er versprach mir eine goldne Kette. Wollte der Himmel, es wäre nur das was er mir vorenthielte—Ich sehe wol, ein Kleinod, so schön es immer gefaßt seyn mag, verliehrt endlich seine Schönheit, wenn wir's immer tragen; und so wie das Gold selbst, ungeachtet seiner Dauerhaftigkeit, durch beständiges Berühren sich endlich abnuzt, so ist kein Gemüth so edel, das nicht durch langwierige Untreu und Falschheit endlich seinen Glanz verliehre. Wenn meine Schönheit in seinen Augen keinen Reiz mehr hat, so will ich ihren Rest wegweinen, und weinend sterben.

Luciana. Was für alberne Geschöpfe kan nicht die Eifersucht aus diesen verliebten Seelen machen!

(Sie gehen ab.)

Vierte Scene.
(Verwandelt sich in eine Strasse.)
(Antipholis von Syracus tritt auf.)

Antipholis. Das Gold, das ich dem Dromio gab, ist im

19

Centaur sicher verwahrt; und der allzu sorgfältige Tropf ist weggegangen, um mich zu suchen, aus Besorgniß, es möchte mir etwas zugestossen seyn. Wenn ich die Umstände der Zeit und meines Wirths Erzählung mit einander vergleiche, so kan ich den Dromio nicht gesprochen haben, seitdem ich ihn zuerst vom Markte fortschikte. Ha, hier kömmt er eben recht. (Dromio von Syracus tritt auf.) Wie gehts, junger Herr?Seyd ihr noch so spaßhaft?Wenn ihr Liebhaber von Ohrfeigen seyd, so treibt wieder den Narren mit mir. Ihr wißt nichts vom Centaur?Ihr habt kein Gold empfangen?Eure Frau schikte euch, mich zum Mittag-Essen nach Hause zu ruffen?Mein Haus war zum Phönix?Warst du toll, daß du mir so unsinnige Antworten gabst?

Dromio von Syracus.
Was für Antworten, Herr?Wenn sagt' ich dergleichen?

Antipholis.
Nur eben, nur eben, es ist noch keine halbe Stunde.

Dromio von Syracus. Hab ich euch doch bis izt mit keinem Auge gesehen, seitdem ihr mich mit dem Golde, so ihr mir gabt, in den Centaur schiktet.

Antipholis. Galgenschwengel, du leugnetest ja, daß du das Gold empfangen habest, und redtest mir von einer Frau, und von einem Mittag-Essen; doch ich hoffe, du hast gefühlt, wie wohl es mir gefallen hat.

Dromio von Syracus.
Es erfreut mich, euch in so gutem Humor zu sehen. Was soll dieser
Scherz bedeuten, ich bitte euch, Herr, sagt mir's?

Antipholis. Wie, du spottest mir noch ins Gesicht?denkst du ich spasse?Halt, nimm das, und das.

(Er giebt ihm Schläge.)

Dromio von Syracus. Haltet ein, Herr, ums Himmels willen, izt fühl' ich's, daß aus euerm Spaß Ernst wird, aber warum gebt ihr mir diese Schläge, wenn man fragen darf?

Antipholis. Weil ich zuweilen vertraulich genug mit dir umgehe, dich für meinen Lustigmacher zu gebrauchen, und Spaß mit dir treibe, so treibst du die Unverschämtheit so weit, meine Gütigkeit zu mißbrauchen, und mir deine Possen auch in meinen ernsthaften Stunden aufzudrängen. Wenn die Sonne scheint, mögen gaukelnde Müken ihre Kurzweile treiben; aber sie sollen in Spalten kriechen, wenn sie ihre Stralen verbirgt: Wenn du mit mir spassen willst, so sieh erst wie ich aussehe, und richte dein Betragen nach meinen Bliken ein; oder ich will dir diese Methode auf eine andre Art einpleuen.*

{ed.-* Hier sind im Original einige Wortspiele, die man lieber weggelassen hat, da sie an sich selbst frostig genug sind; und wenn sie auch noch das Verdienst des Doppelsinns, den sie nur in der Original-Sprache haben, verliehren, unerträglich werden. Man hat es mit dem grösten übrigen Theil dieser Scene eben so gemacht, wo Dromio alle seine ungeheure Menge Wiz in Wortspielen ausläßt, die seinen Herrn, und vermuthlich auch die Zeitgenossen unsers Poeten eben so sehr belustigten, als sie unserm verwöhnten Geschmak albern und ekelhaft vorkommen.}

Dromio.
Ich will euch diese Mühe gern ersparen, wenn ihr mir nur in gutem
Ernst sagen wollt, warum ihr mich geschlagen habt.

Antipholis.
Weist du's noch nicht?

Dromio.
Nichts, Herr, als daß ihr mich geschlagen habt.

Antipholis.
Soll ich dir sagen warum?

Dromio. Ja, Herr, und weßwegen? Denn man pflegt zu
sagen, jedes Warum hat sein Weßwegen.

Antipholis.
Für's erste, Warum, weil du meiner gespottet hast; und
dann
Weßwegen, weil du es mir das zweyte mal weggeläugnet
hast.

Dromio von Syracus.
Ich begreiffe weder euer Warum noch euer Weßwegen, noch
eure
Ohrfeigen—Nun gut, Herr, ich danke euch.

Antipholis.
Du dankst mir? Wofür?

Dromio von Syracus.
Mein Six, Herr, für das Etwas so ihr mir um Nichts gegeben
habt.

Antipholis. Ich will es mit nächsten wieder gut machen,
und dir Nichts für etwas geben. Aber sag', ist es
Mittagessens-Zeit?

Dromio von Syracus.
Nein, Herr, ich glaub', es fehlt dem Essen etwas das ich
habe.

Antipholis.
Mit Erlaubniß, was mag das seyn?

Dromio von Syracus.
Daß es nicht genug beträuft ist.**

{ed.-** Der Einfall ligt im Original in der Zweydeutigkeit des
Worts (basting), welches zugleich eine Tracht Schläge, und
das Beträuffen, dessen was am Spieß gebraten wird,
bedeutet.}

Antipholis.
Gut, Bursche, so wird es troken seyn.

Dromio von Syracus.
Wenn es so ist, so bitt' ich euch, esset nichts davon.

Antipholis.
Warum?

Dromio von Syracus.
Weil es euch cholerisch machen, und mir noch eine andre
Tracht
Schläge zuziehen würde.

Antipholis. Gut, junger Herr, lernt eure Zeit wol in Acht
nehmen, wenn ihr spassen wollt; ein jedes Ding hat seine
Zeit.

Fünfte Scene.
(Adriana und Luciana zu den Vorigen.)

Adriana. Ja, ja, Antipholis, sieh nur fremde und verdrieslich
aus, eine andre Gebieterin hat deine zärtlichen Blike: ich bin
nicht mehr Adriana, noch dein Weib. Es war eine Zeit, da du
ungeheissen schwurest, daß keine Worte Musik in deinem
Ohr seyen, als die ich rede; daß kein Gegenstand dein Aug
entzüke, als mein Anblik; daß keine andre Berührung deiner

23

Hand willkommen sey, als die meinige— Wie kommt es dann izt, mein Gemal, o sage wie kommt es, daß du so fremde gegen dich selbst worden bist—Gegen dich selbst nenn' ich es, da du es gegen mich bist, die auf eine so unzertrennliche Art dir einverleibt bin, daß ich mehr bin als der größre Theil von dir selbst. Eher könntest du einen Tropfen Wassers in die tieffe See fallen lassen, und unvermengt mit andern eben diesen Tropfen wieder zurüknehmen; als dich von mir losreissen, ohne mich mitzunehmen. Wie sehr würd' es dich bis in die Seele kränken, wenn du nur hören würdest, daß ich ausgelassen sey, und daß dieser dir allein geheiligte Leib durch unkeusche Lust besudelt würde! Würdest du mich nicht anspeyen, nicht mit Füssen stossen, und mir den Namen eines Ehmanns ins Gesicht werfen, und die beflekte Haut von meiner Huren-Stirne reissen, und von meiner treulosen Hand den Trauring abhauen, und ihn mit einem auf ewig uns scheidenden Gelübde zerbrechen?Ich weiß du kanst es, also thu es auch—ich bin mit einem ehebrecherischen Fleken beschmizt; mein Blut ist mit dem Schmuz der Unzucht vermengt; denn wenn wir beyde eins sind, und du untreu wirst, so theilst du mir das Gift mit, das in deinen Adern schäumt, und machst mich durch Anstekung zur Hure. O so kehre dann zu deiner Pflicht zurük, und bleibe deinem keuschen Bette getreu, damit ich unbeflekt lebe, und du unentehrt.

Antipholis. Klagt ihr über mich, schönes Frauenzimmer?Ich kenne euch ja nicht. Ich bin in Ephesus kaum zwoo Stunden alt, und mit eurer Stadt so unbekannt als mit euern Reden. Ich strenge allen meinen Wiz vergeblich an, nur ein Wort von allem dem was ihr mir sagtet, zu verstehen.

Luciana.

Fy, Bruder, was für eine Veränderung ist das bey euch?Wenn wart

ihr gewohnt, meiner Schwester so zu begegnen; Sie schikte den

Dromio, euch zum Mittag-Essen heim zu holen.

Antipholis.
Den Dromio?

Dromio von Syracus.
Mich?

Adriana.
Ja dich, und du brachtest uns zurük, daß er dir Maulschellen

gegeben, und unter den Maulschellen mein Haus und mich als sein

Weib verläugnet habe.

Antipholis.
Habt ihr mit diesem Frauenzimmer gesprochen?Was für ein Verständniß habt ihr mit ihr, und was soll die Absicht davon seyn?

Dromio von Syracus.
Ich, Herr, ich habe sie meine Tage nie gesehen als izt.

Antipholis.
Du lügst, du Galgenschwengel; denn du brachtest mir ihre eigensten

Worte auf den Markt.

Dromio von Syracus.
Ich habe sie in meinem Leben nie gesprochen.

Antipholis. Woher kan sie uns denn bey unsern Namen nennen, es wäre dann, daß sie einen Wahrsager-Geist hätte?

Adriana. Wie übel steht es euerm Character an, eine so niederträchtige Comödie mit euerm Sclaven zu spielen, um meiner auf eine grobe Art ins Gesicht zu spotten?Ich bin beleidigt genug, daß ihr so entfremdet von mir seyd; häuffet euer Unrecht nicht noch durch einen solchen Grad von Verachtung. Komm, laß mich um deine Schläfe mich winden; du bist eine Ulme, mein lieber Mann, und ich eine schwache Rebe, die mit deinem stärkern Stamm vermählt, an deiner Stärke Antheil nimmt, ohne sie zu vermindern; alles was dich von mir trennen will, ist Unkraut, diebischer Epheu und unnüzes Mooß, das sich, wenn es nicht bey Zeiten abgeschnitten wird, bis zu deinem Mark einfrißt, und von deinem Verderben seine Nahrung zieht.

Antipholis. (bey Seite.)

Sie spricht mir so ernstlich zu, daß ich nicht weiß, was ich denken oder sagen soll. Bin ich im Traum mit ihr vermählt worden? Oder schlaf ich izt, und bilde mir ein, daß ich alles diß höre?Was für ein Irrthum bethört unsre Augen und Ohren?Bis ich erfahren kan, was ich aus dieser unbegreiflichen Sache machen soll, wird das sicherste seyn, den günstigen Betrug zu unterhalten.

Luciana.
Dromio, geh, sage den Bedienten, daß sie anrichten.

Dromio von Syracus. (bey Seite.)

Nun, bey meinem Rosenkranz! Ich will das Kreuz machen; Gott sey bey uns! wir sind im Feen-Land, wir reden mit lauter Kobolten, Gespenstern und Nacht-Frauen; wenn wir nicht thun was sie haben wollen, so werden sie uns den Athem aussaugen, und uns braun und blau zwiken.

Luciana. Was plauderst du da mit dir selber, und antwortest

nicht?Dromio, du Hummel, du Schneke, du träger Kerl, du Sot!

Dromio von Syracus.
Ich bin verwandelt, Herr, nicht wahr?

Antipholis.
Ich denke du bist's am Gemüth, wie ich selbst.

Dromio von Syracus.
Nein, Herr, an beydem, an Seel und Leib.

Antipholis.
Du hast deine eigne Gestalt.

Dromio.
Nein, ich bin ein Affe.

Luciana.
Wenn du in etwas verwandelt bist, so ist's in einen Esel.

Dromio. Das ist es; sie reitet mich, und es hungert mich nach Gras; es ist so, ich bin ein Esel, sonst könnt' es unmöglich seyn, daß ich sie nicht so gut kennte, als sie mich.

Adriana. Kommt, kommt, ich will nicht länger ein Narr seyn, und den Finger in die Augen steken und weinen, indeß daß Herr und Knecht meines Kummers lachen. Kommt, mein Herr, zum Mittag-Essen; Dromio, hüte die Thüre. Mein lieber Mann, ich will heut oben mit euch zu Mittag essen, und ihr sollt mir alle eure kleinen Schelmereyen beichten — Kerl, wenn jemand nach deinem Herrn fragt, so sag', er ißt ausser dem Haus, und laß keinen lebendigen Menschen herein. Kommt, Schwester; Dromio, sey du ein guter Thürhüter.

Antipholis. Bin ich auf der Erde, im Himmel oder in der Hölle?Schlafend oder wachend, verrükt oder bey Sinnen? Diesen Leuten bekannt, und mir selbst verborgen?Ich will sagen was sie sagen, und es darauf ankommen lassen, was aus diesem Abentheuer werden mag.

Dromio von Syracus.
Herr, soll ich hier Thürhüter seyn?

Adriana.
Ja, laß niemand herein, oder ich breche dir den Hals.

Luciana.
Kommt, kommt, Antipholis, wir werden spät zu Mittag essen.

(Sie gehen ab.)

Dritter Aufzug.

Erste Scene.
(Die Strasse vor Antipholis Haus.)
(Antipholis von Ephesus, Dromio von Ephesus, Angelo und Balthasar
 treten auf.)

Antipholis von Ephesus. Mein lieber Herr Angelo, ihr müßt uns entschuldigen; meine Frau ist verdrießlich, wenn ich nicht zur gewöhnlichen Zeit nach Hause komme; sagt, ich habe mich bey euch in eurer Werkstatt aufgehalten, um der Arbeit ihrer Kette zuzusehen, und ihr wollet ihr sie morgen überbringen. Aber hier ist ein Galgenschwengel, der mir ins

Gesicht behaupten will, er habe mich auf dem Markt angetroffen; und ich hab' ihm Schläge gegeben, und tausend Mark an Gold von ihm gefodert, und ich hab' ihm meine Frau und mein Haus abgeläugnet: Du besoffener Kerl, du, was meyntest du mit allem diesem Gewäsche?

Dromio von Ephesus. Sagt was ihr wollt, Herr, ich weiß doch was ich weiß; daß ihr mich auf dem Markt geschlagen habt, das kan ich mit eurer Hand beweisen; wäre mein Fell Pergament, und die Ohrfeigen die ihr mir gegeben habt, Dinte, so würde eure eigne Handschrift sagen was ich denke.

Antipholis von Ephesus.
Ich denke, du bist ein Esel.

Dromio von Ephesus. Mein Six, das erhellet aus den Schlägen, die ich ohne Ursache gekriegt habe.

Antipholis von Ephesus. Ihr seyd düster, Herr Balthasar? Der Himmel gebe, daß unsre Mahlzeit meinem guten Willen entspreche. Wenn ihr nicht gut bewirthet werdet, so seyd wenigstens versichert, daß ihr nicht willkommner seyn könntet.

(Er will die Thür aufmachen.)

Sachte! die Thür ist verriegelt; geh', Dromio, sag' ihnen, daß sie uns einlassen.

Dromio von Ephesus.
Mathilde, Brigitte, Marian, Cäcile, Cathrine, Susanne!

Dromio von Syracus (hinter der Thür.) Flegel, Schlingel, Bengel, Gek, Mauskopf, Frazen-Gesicht! Entweder scherr dich von der Thüre, oder siz' auf die Zaken; was für eine verzweifelte Menge Menscher beschwörst du da zusammen, da es an einer zuviel gegen einem ist; scherr dich von der Thür.

Dromio von Ephesus. Was für ein Flegel ist Thürhüter bey uns worden?Mein Herr wartet hier auf der Strasse, mach auf.

Dromio von Syracus. Laß ihn gehn woher er gekommen ist, oder er möchte sich die Füsse, hier erkälten.

Antipholis von Ephesus.
Wer redt da drinnen?holla; macht die Thür auf.

Dromio von Syracus.
Gleich, Herr, wenn ihr mir nur erst sagen wollt, warum?

Antipholis von Ephesus. Warum, Schurke?Weil ich zu mittag essen will; ich habe heute noch nichts gegessen.

Dromio von Syracus. Und werdet heute auch in diesem Hause nichts zu essen kriegen; kommt ein ander mal wieder.

Antipholis von Ephesus.
Wer bist du, der mich zu meinem eignen Hause hinausschließt?

Dromio von Syracus. Der zeitige Thürhüter, Herr, und mein Nam ist Dromio, wenn's euch lieb ist.

Dromio von Ephesus. O du Galgenvogel, hast du mir meinen Namen zusammt meinem Amt gestohlen?Bist du Dromio?Ich wollte du wärst es heute gewesen; es war ein Anlas, wo ich meinen Namen wohlfeil gegeben hätte.*

{ed.-* Man ist genöthiget, hier einen guten Theil von kleinen sinnreichen Reden auszulassen, die zwischen den Bedienten und einer Magd vorfallen, und in lauter Wortspielen bestehen, so sie einander zuwerfen.}

30

(Weil man den Antipholis nicht einlassen will, fangt dieser
an ungeduldig werden, und will die Thür mit Gewalt
einstossen, worüber ein grosser Lerm entsteht.)

Adriana (hinter der Scene.)
Wer ist da vor der Thür, der einen solchen Lermen macht?

Dromio von Syracus.
Bey meiner Six, es giebt böse Buben in eurer Stadt.

Antipholis von Ephesus.
Seyd ihr da, Frau?Ihr hättet wol bälder kommen können.

Adriana.
Eure Frau, Herr Spizbube?Geht, pakt euch von der Thüre
fort.

Angelo. Mein Herr, ich sehe wol, hier ist weder was gutes
zu essen, noch ein freundlicher Willkomm zu haben—wir
halten uns vergeblich auf.

Antipholis von Ephesus.
Geh', hole mir was, daß ich die Thür aufbrechen kan.

Dromio von Syracus.
Versuchts, und brecht hier was, wenn ihr wollt daß ich euch
den
Schädel zerbrechen soll.

Antipholis von Ephesus.
Geh', sag' ich, hole mir ein Stemm-Eisen —

Balthasar. Habt Geduld, mein Herr; ich bitte euch, fangt
nichts dergleichen an; ihr würdet einen Anfall auf euren
eignen guten Namen thun, und die nie verlezte Ehre eurer
Frauen in Verdacht bringen. Bedenket nur das; die lange
Erfahrung, die ihr von ihrer klugen Aufführung und von

31

ihrer Tugend habt, ihre bekannte Sittsamkeit, und selbst ihr geseztes Alter rechtfertigen sie gegen allen Verdacht; es muß irgend eine gute Ursache seyn, wenn ihr sie gleich nicht wißt, warum die Thüren dißmal so vor euch verriegelt sind; und zweifelt nicht, mein Herr, daß sie sich vollkommen deßwegen wird rechtfertigen können. Folget mir, und zieht euch in Geduld zurük, und laßt uns alle in den Tyger zum Mittag-Essen gehen, auf den Abend geht dann allein nach Hause, und erkundigst euch um die Ursache dieser seltsamen Begebenheit. Wenn ihr mit Gewalt ins Haus einbrechen wolltet, am hellen Tag und da alle Strassen voller Leute sind, so würde gleich ein allgemeines Stadt-Mährchen draus werden; und das könnte, so wie die Welt alles aufs schlimmste auszudeuten pflegt, eurer Ehre einen Fleken anhängen, der euch bis ins Grab bleiben könnte.

Antipholis von Ephesus. Ihr habt mich überzeugt; ich will in der Stille abziehen, und ich hab' im Sinn mich lustig zu machen, so wenig ich auch Ursache dazu habe. Ich kenne ein Weibsbild von unvergleichlichem Umgang, hübsch und wizig, muthwillig, und doch artig. Dort wollen wir zu Mittag essen; meine Frau hat mir sie schon oft, aber versichert ohne Ursache, vorgerupft; wir wollen geh'n und bey ihr zu Mittag essen. Geht ihr heim, Angelo, und holt die Kette; sie wird izt wol fertig seyn; bringt sie, ich bitte euch, zum Stachel-Schwein, denn das ist das Haus; ich will die Kette meiner Wirthin dort geben, und wenn es auch nur meiner Frauen zum Possen wäre. Säumt euch nicht, mein werther Herr. Weil meine eigne Thüre mich nicht einlassen will, muß ich sehen wo ich eine andre offen finde.

Angelo. Mein Herr, ich will euch in einer oder zwo Stunden daselbst aufwarten.

Antipholis von Ephesus.
Gut, mein Herr;

(für sich.)

Dieser Spaß wird mich Geld kosten.

(Sie gehen ab.)

Zweyte Scene.
(Das Haus des Antipholis von Ephesus.)
(Luciana und Antipholis von Syracus treten auf.)

Luciana. Wie, ist denn möglich, daß ihr so plözlich habt vergessen können, was die Pflicht eines Ehmanns ist?Wie, Antipholis, sollen schon im Frühling deiner Liebe die Quellen deiner* Liebe vertroknen?Fällt das Gebäude eurer Liebe schon zusammen, da es kaum aufgeführt ist? Wenn ihr meine Schwester bloß um ihres Vermögens willen geheurathet habt, so begegnet ihr, wenigstens um ihres Vermögens willen, freundlicher; oder wenn ihr irgend eine andre lieber habt, so thut es doch heimlich; laßt meine Schwester eure Untreu nicht so deutlich in euern Augen lesen, und macht eure Zunge nicht zum Redner eurer eignen Schande; seht sie freundlich an, gebt ihr gute Worte; seyd mit einer guten Art ungetreu, kleidet das Laster wie einen Hausgenossen der Tugend; nehmt eine schöne Gestalt an, wenn schon euer Herz besudelt ist; mit einem Wort, seyd heimlich untreu; wozu braucht Sie es zu wissen?Welcher Dieb ist so einfältig, mit seinen eignen Streichen zu pralen? Beredet uns wenigstens, uns arme Weiber, die so leicht zu bereden sind, daß ihr uns liebt; wenn gleich andre den Arm haben, so zeigt uns wenigstens ein freundliches Gesicht; wir werden nur von Euch in Bewegung gesezt, und ihr könnt aus uns machen was ihr wollt. Kommt also wieder mit mir hinein, mein lieber Bruder; tröstet meine Schwester, thut freundlich mit ihr, nennt sie euer Weib; wenn es auch nur

33

Schmeicheley ist, so dient es doch zu ihrer Beruhigung.

{ed.-* Ein Wortspiel mit dem Wort Spring, welches Frühling, und Quelle heißt.}

Antipholis von Syracus. Anmuthsvolle Gebieterin, (keinen andern Namen weiß ich euch nicht zu geben, noch begreiff ich, durch was für ein Wunderwerk ihr den meinigen entdekt habt,) eure Schönheit und diese Probe eurer Wissenschaft beweisen beyde, daß ihr eher irgend eine Gottheit als ein irdisches Wesen seyd; lehre mich, schönste Gestalt, wie ich denken und wie ich reden soll; entfalte vor meinen zu groben irdischen, in Irrthum eingehüllten Sinnen, den geheimnisvollen Inhalt deiner Reden—Warum bemüht ihr euch so sehr, mich in einem unbekannten Feld irre zu führen?Seyd ihr eine Göttin?Wollt ihr mich neu erschaffen?So verwandelt mich dann, ich unterwerffe mich eurer Macht. Aber so lang ich ich selbst bin, weiß ich gewiß, und es ist umsonst die lautre Wahrheit meiner Seele einer Falschheit anzuklagen, daß eure weinende Schwester mein Weib nicht ist, und daß ich keine von diesen Pflichten ihr schuldig bin, die ihr mir einschärfet. Warum wollt ihr mich dann nöthigen sie zu lieben, da mein Herz weit stärker, weit stärker zu euch gezogen wird?O, loke mich nicht, holdes Meer-Mädchen, durch dein Zauberlied, um in der Thränenfluth deiner Schwester mich zu ertränken; sing' für dich selbst, Syrene, und ich bin lauter Liebe; spreite deine goldnen Loken über die Silberwellen, und ich will sie zu meinem Bette machen, und da ligen, und den Tod, den du mir geben wirst, mit Entzüken annehmen.

Luciana.
Wie, seyd ihr wahnwizig, daß ihr so schwärmt?

Antipholis von Syracus.
Nicht wahnwizig, aber geblendet; wie, weiß ich selbst nicht.

34

Luciana.
Der Fehler ligt in euern Augen.

Antipholis von Syracus.
Weil ich zu lang, o schöne Sonne, in eure Stralen schaute.

Luciana.
Schaut wohin ihr sollt, das wird euer Gesicht wieder
aufklären.

Antipholis von Syracus.
Das ist soviel, meine süsse Liebe, als ob ihr mir befählet, in
die
Nacht zu schauen.

Luciana.
Warum nennt ihr mich, Liebe?Nennt meine Schwester so.

Antipholis von Syracus.
Deiner Schwester Schwester.

Luciana.
Das ist meine Schwester.

Antipholis. Nein, das bist du selbst, die bessere Helfte des
meinigen, das Auge meiner Augen, und meines Herzens
theureres Herz; meine Nahrung, mein Glük und mein
Anspruch an den Himmel.

Luciana.
Alles diß ist meine Schwester, oder sollt es doch seyn.

Antipholis von Syracus.
Nenne dich selbst Schwester, meine Liebe, denn ich meyne
dich; dich
will ich lieben, und mit dir mein Leben leben. Du hast noch
keinen

Mann; ich noch kein Weib; gieb mir deine Hand.

Luciana. O, sachte, mein Herr, haltet noch ein wenig ein; ich will nur vorher meine Schwester holen, damit sie ihre Einwilligung geben kan.

(Luciana geht ab.)

Dritte Scene.
(Dromio von Syracus, (über die Bühne lauffend.)

Antipholis von Syracus.
He, holla, Dromio, wohin laufst du so eilig?

Dromio von Syracus. Kennt ihr mich dann, Herr?Bin ich Dromio?Bin ich euer Knecht?Bin ich ich selbst?

Antipholis von Syracus.
Du bist Dromio, mein Knecht, und du selbst.

Dromio von Syracus.
Ich bin ein Esel, eines Weibes Mann, und ausser mir selbst.

Antipholis von Syracus.
Was für eines Weibes Mann, und wie ausser dir selbst?

Dromio von Syracus. Meiner Six, Herr, in so fern ich ausser mir selbst bin, gehör' ich einem Weib an; einer, die Ansprüche an mich macht, die mir allenthalben nachläuft, und mich haben will.

Antipholis von Syracus.
Was für Ansprüche macht sie an dich?

Dromio von Syracus. Sapperment, Herr, so einen Anspruch wie ihr auf euer Pferd machen könnt; einen recht

36

bestialischen Anspruch; denn ich müßte nichts geringere als ein Stier seyn, wenn ihr Anspruch gültig wäre, so ähnlich ist sie einer Kuh aus Flandern.

Antipholis von Syracus.
Wer ist es dann?

Dromio von Syracus. Eine sehr respectable Person, Herr; eine Person, von der man nicht reden darf, ohne zu sagen: Mit Respect. Ich mache nur ein sehr mageres Glük, wenn ich den Handel eingehe, und doch ist sie eine erstaunlich fette Parthey.

Antipholis von Syracus.
Was meynst du damit?

Dromio von Syracus. Sapperment, Herr, sie ist das Küchen-Mensch und lauter Schmeer; ich wüßte nicht was man aus ihr machen könnte als eine Lampe, um bey ihrem eignen Licht vor ihr davon zu lauffen. Ich steh' euch dafür, ihre Lumpen und das Talg darinn, würden einen Lapländischen Winter lang brennen.

Antipholis.
Wie heißt sie?

Dromio von Syracus.
Nell, Herr—Aber ihr Name, Herr, und drey Viertel, (das ist eine
Ell und drey Viertel,) reichte noch lange nicht zu, sie von einer
Hüfte zur andern auszumessen.

Antipholis.
Sie ist also räsonnabel breit?

Dromio von Syracus. Nicht länger vom Kopf zum Fuß als

37

von einer Hüfte zur andern; sie ist rund wie ein Globus: Ich wollte Länder auf ihr finden.

Antipholis.
Wo wolltest du zum Exempel Irrland finden?

Dromio von Syracus*. {ed.-* Der Leser wird uns vielleicht eher verzeihen, daß wir ihm die Antwort des Dromio schuldig bleiben, als daß wir ihn und uns bereits mit so vielen andern albernen Possen, wovon dieses Stük wimmelt, geplagt haben. Die Idee von einem Globus hat unserm Autor so kurzweilig gedäucht, daß Dromio seinem Herrn beynahe alle Länder des Erdbodens auf dieser seltsamen Weltkugel aufsuchen muß; welches er dann auf eine so ekelhafte und schmuzige Art thut, als der Gegenstand ist, der seinem pöbelhaften Wiz diesen schönen Anlas giebt, sich zu zeigen.}

—Mit einem Wort, diese Unholde machte Anspruch an mich, nannte mich Dromio, schwur daß ich mit ihr verheurathet sey, sagte mir was für geheime Merkmale ich an mir habe, als die Fleken auf meiner Schulter, das Gewächs an meinem Hals, die grosse Warze an meinem linken Arm; so daß ich voller Schreken davon lief, weil ich wol sah, daß sie eine Hexe seyn mußte. Ich glaube, meiner Treu, wenn ich nicht ein so guter Christ wäre, sie hätte mich in einen Hund ohne Schwanz verwandelt, und mich gezwungen, die Braten in ihrer Küche zu wenden.

Antipholis von Syracus. Geh', so schnell als du kanst, lauf an die Rhede, und wenn irgend ein Wind vom Ufer wegtreibt, so will ich keine Nacht mehr in dieser Stadt zubringen. Wenn du ein Schiff findest, das abfahren will, so komm auf den Markt; ich will dort auf und ab gehen, bis du wieder kommst; wenn uns jedermann kennt, und wir kennen niemand, so ist es hohe Zeit, denk' ich, seinen

Bündel zu machen, und davon zu gehen.

(Dromio geht ab.)

Vierte Scene.

Antipholis von Syracus. Das ist gewiß, daß lauter
Zaubervolk hier wohnt, und es ist also nicht gut, sich hier
lang aufzuhalten. Es graut mir in der Seele vor dem
Gedanken, daß diejenige mein Weib seyn sollte, die mich als
ihren Mann anspricht. Aber ihre schöne Schwester hat ein
so unwiderstehlich angenehmes Wesen, und einen so
bezaubernden Umgang, daß sie mich beynahe zum
Verräther an mir selbst gemacht hat. Aber wenn ich mich
selbst nicht in Unglück stürzen will, muß ich meine Ohren
gegen den Gesang dieser Syrene verstopfen. (Angelo tritt
mit einer goldnen Kette auf.)

Angelo.
Herr Antipholis—

Antipholis von Syracus.
Ja, so heiß' ich.

Angelo. Das weiß ich wohl, mein Herr: seht, hier ist die
Kette; ich dachte ich wollte euch im Stachelschwein
antreffen, ich mußte so lange ausbleiben, weil die Kette noch
nicht fertig war.

Antipholis von Syracus.
Was wollt ihr daß ich damit thun soll?

Angelo.
Was ihr selbst wollt, mein Herr; ich habe sie für euch
gemacht.

Antipholis von Syracus.
Für mich gemacht, mein Herr? Ich bestellte sie ja nicht.

Angelo.
Nicht ein oder zweymal, wohl zwanzig mal habt ihr sie
bestellt,
geht heim und macht eurer Frauen eine Freude damit; gleich
nach dem
Nachtessen will ich zu euch kommen, und das Geld dafür
abholen.

Antipholis von Syracus. Ich bitte euch, mein Herr, nehmt
das Geld lieber izt ein, ihr möchtet sonst weder Geld noch
Kette wieder sehen.

Angelo.
Es beliebt euch zu spassen, mein Herr; lebet wohl.

(Er geht ab.)

Antipholis von Syracus. Was ich hievon denken soll, kan
ich nicht sagen; aber das denk ich, es ist niemand so albern,
der eine so schöne Kette nicht annehme, wenn man sie ihm
anbietet. Ich sehe wohl, es hat einer hier keine Kunstgriffe
nöthig, um leben zu können, da einem auf der Strasse so
kostbare Geschenke in die Hände lauffen. Ich will nun auf
den Markt, und den Dromio erwarten, und wenn irgend ein
Schiff abgeht, auf und davon!

Vierter Aufzug.

Erste Scene.
(Die Strasse.)

(Ein Kauffmann, Angelo und ein Gerichtsdiener treten auf.)

Kauffmann. Ihr wißt, die Summe war schon um Pfingsten verfallen, und ich hab' euch seither nicht viel beunruhiget, und würd' es auch izt nicht thun, wenn ich nicht eine Reise nach Persien vor mir hätte, wozu ich Geld brauche; befriedigt mich also auf der Stelle, oder hier ist ein Gerichtsdiener, der sich eurer versichern wird.

Angelo. Die nemliche Summe, die ihr an mich zu fodern habt, ist Antipholis mir schuldig, für eine goldne Kette, die ich ihm einen Augenblik eh ich euch antraf, zugestellt hatte; diesen Abend um fünfe soll ich das Geld davor einnehmen; seyd nur so gut mit mir zu seinem Hause zu gehen, und ich will euch mit Dank bezahlen. (Antipholis von Ephesus, und Dromio von Ephesus, kommen aus dem Hause der Courtisane, und begegnen den Vorigen.)

Gerichtsdiener.
Ihr könnt euch eine Mühe ersparen; seht, da kommt er selbst.

Antipholis von Ephesus. Indessen ich zum Goldschmidt gehe, geh' du, und kauf mir ein hübsches Stük von einem Seil; ich will meine Frau und Compagnie damit begaben, dafür daß sie mich heut aus dem Haus hinaus gesperrt haben—Aber sachte, da seh' ich den Goldschmidt: Geh' du, und kauffe den Strik, und bring ihn mir nach Hause.

(Dromio geht ab.)

Antipholis. Dem ist wohl geholfen, der sich auf euch verläßt; ihr versprachet mir eure Gegenwart und die Kette; aber es kam weder Kette noch Goldschmidt; ihr habt vermuthlich gedacht, unsre Freundschaft möchte zu lange dauern, wenn sie mit einer Kette zusammengebunden wäre,

41

und darum seyd ihr nicht gekommen.

Angelo. Mit Erlaubniß des lustigen Humors, worinn ihr heute seyd, hier ist die Note, wie viel eure Kette auf den äussersten Carath wiegt, die Feinheit des Goldes, und die mühsame Arbeit; alles beläuft sich auf drey Ducaten mehr als ich diesem Herrn hier schuldig bin; ich bitte euch, übernehmet es, ihn sogleich zu befriedigen; er muß über Meer reisen, und wartet nur um dessentwillen.

Antipholis von Ephesus. Ich habe nicht so viel baares Geld bey mir, und überdas hab' ich Geschäfte in der Stadt; mein lieber Herr, führt den Fremden in mein Haus, und nehmt die Kette mit euch, und saget meiner Frau, daß sie euch nach Empfang derselben bezahlen soll; vielleicht bin ich so bald dort, als ihr.

Angelo.
Wollt ihr also die Kette nicht lieber selbst mitbringen?

Antipholis von Ephesus. Nein, tragt ihr sie hin, auf den Fall, daß ich etwann nicht früh genug kommen könnte.

Angelo.
Ganz gut, mein Herr; habt ihr die Kette bey euch?

Antipholis von Ephesus. Wenn ich sie nicht habe, Herr, so hoff' ich, ihr habt sie; oder ihr könnt ohne euer Geld wieder fortgehen.

Angelo. Nein, mein Herr, ich bitt' euch, gebt mir die Kette; Wind und Fluth warten auf diesen Herrn hier, ich darf ihn nicht länger aufhalten.

Antipholis von Ephesus. Mein guter Herr, ihr wollt vermuthlich mit dieser Schäkerey entschuldigen, daß ihr euer Wort nicht gehalten und ins Stachelschwein

gekommen seyd: Ich hätte euch deßwegen ausschelten
sollen, aber ihr macht es wie die bösen Weiber; wenn sie
Keiffe verdient haben, so fangen sie zuerst an zu schnurren.

Kauffmann.
Die Zeit verläuft; ich bitte euch, mein Herr, beschleunigt die
Sache.

Angelo.
Ihr hört ja selbst wie er mir's macht; die Kette —

Antipholis von Ephesus.
Gebt sie meiner Frauen, sag' ich ja, und laßt euch euer Geld
geben.

Angelo.
Kommt, kommt, ihr wißt ja, daß ich sie euch nur erst
gegeben habe.
Entweder schikt die Kette, oder gebt mir sonst ein
Merkzeichen mit,
wodurch ich mich eurer Frauen legitimiren kan.

Antipholis von Ephesus. Fy, Herr, ihr treibt den Spaß zu
weit; kommt, wo ist die Kette; ich bitt' euch, laßt mich sie
sehen.

Kauffmann. Meine Geschäfte können diese Kurzweile nicht
aushalten; mein Herr, erklärt euch, ob ihr mich bezahlen
wollt oder nicht; wenn nicht, so will ich ihn dem
Gerichtsdiener überlassen.

Antipholis von Ephesus.
Ich euch bezahlen? Was soll ich euch bezahlen?

Angelo.
Das Geld, so ihr mir für die Kette schuldig seyd.

Antipholis von Ephesus.
Ich bin euch kein Geld schuldig, bis ich die Kette habe.

Angelo.
Ihr wißt, daß ich sie euch vor einer halben Stunde gegeben
habe.

Antipholis von Ephesus. Ihr habt mir nichts gegeben; ihr
thut mir Unrecht, wenn ihr das sagt.

Angelo. Ihr thut mir grössers Unrecht, Herr, daß ihr's
läugnet; bedenket, daß mir mein Credit darauf steht.

Kauffmann.
Wohlan, Gerichtsdiener, arretirt ihn auf mein Ansuchen.

Gerichtsdiener. Ich thu es, und befehl euch hiemit in des
Herzogs Namen mir zu folgen.

Angelo. Das greift meine Ehre an. Entweder bezahlt das
Geld für mich, oder ich versichre mich eurer durch diesen
Gerichtsdiener.

Antipholis von Ephesus. Ich soll für etwas bezahlen, das ich
nie empfangen habe?Laß mich arretiren, du närrischer Kerl,
wenn du das Herz hast.

Angelo. Gerichtsdiener, hier ist dein Tax; sez' ihn feste; ich
wollte meines eignen Bruders nicht schonen, wenn er mir so
niederträchtig begegnete.

Gerichtsdiener. Mein Herr, ich arretire euch; ihr habt
gehört, daß es an mich gefordert wird.

Antipholis von Ephesus.
Ich unterwerfe mich dir, bis ich dir Bürgschaft stellen werde.
Aber
ihr, Bursche, sollt mir diesen Spaß so theuer bezahlen, daß

alles
Metall in euerm Laden nicht zureichen soll.

Angelo. Herr, Herr, ich will wol Justiz in Ephesus finden,
und ihr werdet wenig Ehre davon haben, das glaubt mir.

Zweyte Scene.
(Dromio von Syracus zu den Vorigen.)

Dromio von Syracus. Herr, es ist eine Barke von
Epidamnum, die nur noch so lange wartet, bis der
Schiffspatron an Bord kommt, und dann gleich absegelt. Ich
habe unser Gepäke schon an Bord gebracht, und das Oel,
den Balsam und den Aquavit gekauft. Das Schiff ist wohl
geladen, es bläßt ein muntrer Wind vom Land her; und man
wartet nur noch auf den Patron und auf euch.

Antipholis von Ephesus. Was, zum Henker, bist du toll?Du
dummer Schöps, was für ein Schiff von Epidamnum wartet
auf mich?

Dromio von Syracus. Ein Schiff, worauf ihr mich geschikt
habt, unsre Ueberfahrt zu miethen.

Antipholis von Ephesus. Du besoffner Schurke, ich schikte
dich um ein Seil, und sagte dir, wozu ich es brauchen
wollte.

Dromio von Syracus. Ich weiß von keinem Seil, ich; ihr schiktet mich an die Rhede, Herr, um ein Schiff.

Antipholis von Ephesus. Ich will diese Materie zu einer andern Zeit berichtigen, und deine Ohren lehren besser aufzumerken, wenn ich dir was sage. Lauf izt straks zu Adriana, du Galgenvogel, gieb ihr diesen Schlüssel, und sag' ihr, in dem Pult, der mit Türkischer Tapezerey überzogen ist, werde sie einen Beutel mit Ducaten finden, den sie mir schiken soll; sag' ihr, ich sey auf der Strasse arretirt worden, und dieses müsse mich loskauffen; pake dich, Sclave, geh';— Nur fort, Gerichtsdiener, ins Gefängniß bis es kommt.

(Sie gehen ab.)

Dromio von Syracus. Zu Adriana! Das ist ja, wo wir zu Mittag gegessen haben, und wo Dowsebel mir zumuthete, daß ich ihr Mann seyn müsse; ich hoffe sie ist zu dik, als daß wir zusammenpassen könnten. Indessen muß ich doch gehen, weil es mein Herr so haben will.

(ab.)

Dritte Scene.
(Verwandelt sich in des Ephesischen Antipholis Haus.)
(Adriana und Luciana treten auf.)

Adriana. Ah, Luciana, sezt' er dir so zu?Sahest du es würklich in seinen Augen, daß es ihm Ernst war?Sah' er roth oder blaß aus, verdrießlich oder aufgeräumt?Was für Beobachtungen machtest du über die Meteore seines Herzens, die in seinem Gesichte kämpften?

Luciana.

Fürs erste, so läugnete er, daß ihr ein Recht an ihn habet.

Adriana.
Er meynt', er lasse mir mein Recht nicht wiederfahren.

Luciana.
Hernach schwur er, er sey hier fremde.

Adriana.
Und schwur die Wahrheit, ob er gleich dadurch meineydig wurde.

Luciana.
Und da nahm ich eure Parthey.

Adriana.
Und was sagt' er dazu?

Luciana.
Die Liebe, um die ich ihn für euch bat, erbat er von mir.

Adriana.
Durch was für Ueberredungen sucht' er eure Liebe zu gewinnen?

Luciana. Durch Worte, die bey ehrlichen Absichten hätten bewegen können; er lobte zuerst meine Schönheit, hernach meinen Verstand.

Adriana.
Redtest du freundlich mit ihm?

Luciana.
Seyd geduldig, ich bitte euch.

Adriana. Ich kan nicht mehr still halten, ich will nicht; ich will wenigstens meiner Zunge den Lauf lassen. Er ist ungestalt, krumm- beinicht, alt und kalt, häßlich,

mißgeschaffen, lasterhaft, ungesittet, albern, grob und
unartig; eine Mißgeburt am Leib, und noch schlimmer am
Gemüth.

Luciana.
Wie mögt ihr denn über so einen eifersüchtig seyn?Man
beweint den
Verlust eines Uebels nicht, dessen man los worden ist.

Adriana. Ach! ich denk' ihn doch besser als ich sage; mein
Herz betet für ihn, ob ihm gleich meine Zunge flucht.

Vierte Scene.
(Dromio von Syracus zu den Vorigen.)

Dromio von Syracus

(ausser Athem.)

Hier, geht; der Pult, der Beutel; ich bitt' euch, macht hurtig.

Luciana.
Wie bist du so aus dem Athem gekommen?

Dromio von Syracus.
Weil ich stark geloffen bin.

Adriana.
Wo ist dein Herr, Dromio?Ist er wohl?

Dromio von Syracus.
Nein, er ist im Tartar-Limbo, der noch ärger als die Hölle
selbst
ist. Ein Teufel in einem immerwährenden Rok hat ihn; einer,
dessen

Herz mit Stahl zugeknöpft ist; ein böser Feind, eine unbarmherzige

Furie, ein Wolf, nein, noch was ärgers, ein Kerl über und über in

Büffelsleder; ein Rüken-Freund, ein Schulter-Klopfer, einer der die

Zugänge der Strassen, die Schiff-Länden und enge Pässe besezt;

einer der, vor Gericht, arme Seelen zur Hölle führt; mit einem Wort,

Frau, ein Gerichtsdiener.

Adriana.
Wie, Mann, was ist die Sache?

Dromio von Syracus. Das weiß ich nicht; aber das weiß ich, daß er im Arrest ist. Wollt ihr ihm kein Lösegeld schiken, Frau?Das Geld ist in seinem Pult.

Adriana.
Geht, Schwester, holt es.

(Luciana geht ab.)

Das ist wunderbar, daß er Schulden haben soll, wovon ich nichts weiß! Sag mir, hat man ihn wegen einer Obligation in Verhaft genommen?

Dromio von Syracus. Wegen etwas weit stärkerm, wegen einer Kette; einer Kette; hört ihr sie nicht klingeln?

Adriana.
Was, die Kette?

Dromio von Syracus. Nein, die Gloke; es ist Zeit, daß ich gehe; es war zwey, da ich ihn verließ, und nun schlägt die Glok, eins.

Adriana.
Das hab ich nie gehört, daß die Stunden zurük gehen.

Dromio von Syracus. O ja, wenn eine Stunde einen
Gerichtsdiener antrift, so lauft sie vor Schreken zurük.
(Luciana kommt wieder.)

Adriana.
Geh, Dromio; hier ist das Geld, trag es hin, und bring
deinen
Herren unmittelbar nach Hause.—Kommt, Schwester, ich
weiß nimmer,
wo ich hin denken soll —

(Sie gehen ab.)

Fünfte Scene.
(Verwandelt sich in die Strasse.)
(Antipholis von Syracus tritt auf.)

Antipholis. Es begegnet mir kein Mensch auf der Strasse,
der mich nicht grüsse, als ob ich längst mit ihm bekannt
wäre, und jedermann nennte mich bey meinem Namen.
Einige bieten mir Geld an, andre laden mich ein, andre
danken mir für Höflichkeiten die ich ihnen erwiesen haben
soll; andre tragen mir Sachen zum Kauf an. Diesen
Augenblik rief mir ein Schneider in seine Werkstatt, und
zeigte mir einen seidnen Zeug den er für mich gekauft habe,
und wozu er das Maaß von mir nahm. Es kan nicht anders
seyn, es besteht hier alles in lauter Einbildungen, und es
wohnen lauter lapländische Zauberer hier. (Dromio von
Syracus tritt auf.)

Dromio von Syracus. Herr, hier ist das Geld, warum ihr

mich geschikt habt; wie, seyd ihr von dem neugekleideten Ebenbild des alten Adams los gekommen?

Antipholis von Syracus.
Was für Geld ist das?Und was meinst du für einen Adam?

Dromio von Syracus. Nicht den Adam der das Paradies hütete, sondern den Adam, der das Gefängniß hütet; den, der in des Kalbs Fell geht, das für den verlohrnen Sohn geschlachtet wurde; der, wie ein böser Engel hinter euch hergeschlichen kam, und euch eure Freyheit vergessen ließ.

Antipholis von Syracus.
Ich verstehe dich nicht.

Dromio von Syracus.
Nicht?die Sache ist doch ganz deutlich; der Kerl, der dahergieng,
wie eine Baßgeige in einem ledernen Ueberzug—* mit einem Wort, den
Gerichtsdiener.

{ed.-* Hier folgen im Original noch etliche sinnreich seyn-sollende Umschreibungen, die aber in lauter Wortspielen bestehen, so sich nicht deutsch machen lassen.}

Antipholis von Syracus.
Laß einmal deine unzeitige Schäkereyen, und sag' mir, hast du ein
Schiff gefunden, das diese Nacht abgeht?

Dromio von Syracus. Wie, Herr?ich brachte euch ja Nachricht, daß die Barke Expedition diese Nacht auslauffe, aber ihr wurdet von dem Gerichtsdiener aufgehalten, euch an Bord zu begeben; hier sind die Engel, nach denen ihr mich schiktet, um euch zu befreyen.

Antipholis von Syracus. Der Bursche weiß nicht recht wo ihm der Kopf steht; und so gehts mir auch; wir irren hier unter lauter Blendwerken herum; irgend ein guter Geist bring uns unbeschädigt wieder hinweg!

Sechste Scene.
(Die Courtisane zu den Vorigen.)

Courtisane. Wir treffen einander recht gelegen an, Herr Antipholis. Ich seh' ihr habt endlich den Goldschmidt gefunden; ist das die Kette, so ihr mir heute versprochen habt?

Antipholis von Syracus.
Zurük, Satan! Versuche mich nicht, sag' ich dir.

Dromio von Syracus.
Herr, ist dieses Frauenzimmer der Satan?

Antipholis von Syracus.
Es ist der Teufel.

Dromio von Syracus.
Nein, sie ist noch etwas ärgers, sie ist des Teufels Großmutter.*

Courtisane. Euer Diener und ihr seyd erstaunlich spaßhaft, mein Herr. Wollt ihr mit mir gehen, wir wollen unser Mittag-Essen hier verbessern.

Antipholis von Syracus.
Zurük, böser Feind! Was sagst du mir vom Nacht-Essen?Du bist eine
Hexe, wie ihr alle seyd; ich beschwöre dich, daß du von mir ablassest, und deines Wegs gehest.

Courtisane.
Gebt mir entweder meinen Diamant-Ring wieder, den ihr mir beym
Essen abgezogen, oder die Kette, die ihr mir versprochen habt, so
will ich gehen und euch nicht beunruhigen.

Dromio von Syracus. Andre Teufel verlangen nur Kleinigkeiten, einen abgeschnittnen Nagel, einen Strohhalm, ein Haar, einen Tropfen Bluts, eine Steknadel, eine Nuß oder einen Kirschenstein; aber diese ist so gierig, daß sie eine Kette haben will. Herr, seyd gescheidt; wenn ihr's thätet, wer weiß was für ein Unglük daraus entstehen würde.

Antipholis von Syracus.
Pake dich, du Hexe! Komm, Dromio, wir wollen gehen.

Dromio von Syracus.
Es wird das sicherste seyn—

(Sie gehen ab.)

{ed.-* Hier ist man wieder genöthigt, die Einfälle des Dromio wegzulassen, die sich alle um die Zweydeutigkeit des Worts (light) herumdrehen, welches Licht und leicht heißt. (a light Wench) (ein leichtes Mensch) ist im Englischen so viel als eine Hure. Diß giebt dann dem Dromio Anlas zu sagen: Dieses Frauenzimmer sey des Teufels Mutter in Gestalt einer Hure

(of a light Wench.)

Nun (sagt er) steht geschrieben, die Teufel erscheinen den Leuten in Gestalt der Engel des Lichts,

(Angels of light.)

53

Licht ist eine Würkung des Feuers, und Feuer brennt, ergo
brennen die Huren,

(light-Wenches will burn)

folglich kommt ihr nicht zu nahe.}

Siebende Scene.
(Die Courtisane bleibt zurük.)

Courtisane. Ausser allem Zweifel ist Antipholis närrisch
worden, sonst würd' er sich nimmermehr so aufführen. Er
hat einen Ring von mir, der vierzig Ducaten werth ist; er
versprach mir eine Kette für den Ring, und nun schlägt er
mir beydes ab. Noch ein andrer Umstand, der mir's
glaublich macht, daß er toll ist, ist ein närrisches Mährchen
so er heute bey Tisch erzählte, man habe seine eigne
Hausthüre vor ihm verschlossen; seine Frau müßte es dann
darum gethan haben, weil sie schon weiß, wenn er seinen
Anstoß von Tollheit zu kriegen pflegt. Izt will ich nach
seinem Hause gehen, und seiner Frau erzählen, er sey heute,
da er eben in seiner tollen Stunde gewesen, in mein Haus
eingedrungen, und habe mir mit Gewalt meinen Ring
genommen. Das däucht mir das sicherste; denn vierzig
Ducaten verliehren, das wäre zuviel auf einmal.

(Sie geht ab.)

Achte Scene.
(Die Strasse.)
(Antipholis von Ephesus, mit einem Kerkermeister.)

54

Antipholis von Ephesus. Besorge nichts, guter Freund; ich will nicht ausreissen; ich will dir, eh ich dich verlasse, so viel Geld zum Unterpfand geben, als die Summe beträgt um derentwillen ich in Verhaft bin. Meine Frau ist heute nicht im guten Zeichen; sie wird meinem Bedienten nicht getraut haben. Ich versichre dich, es würd' ihr hart in den Ohren tönen, wenn sie hörte, daß ich in Ephesus feste sizen soll. — (Dromio von Ephesus mit einem Strik.)—Hier kommt mein Knecht; ich denk', er bringt das Geld. Nun, Herr Patron, habt ihr das, wornach ich euch geschikt habe?

Dromio von Ephesus.
Hier ist etwas, ich bin euch gut dafür, das sie alle bezahlen soll.

Antipholis von Ephesus.
Aber wo ist das Geld?

Dromio von Ephesus.
Wie, Herr, ich gab es für den Strik.

Antipholis von Ephesus.
Zu was Ende befahl ich dir denn nach Hause zu gehen?

Dromio.
Zum* End' eines Seils, Herr, und zu dem Ende bin ich wieder da.

Antipholis von Ephesus.
Und zu dem Ende will ich dich bewillkommen.

(Er giebt ihm Schläge.)

Gerichtsdiener.
Mein lieber Herr, habt Geduld.

Dromio von Ephesus.

Wahrhaftig, es ist an mir, Geduld zu haben; ich bin in der Anfechtung.

Gerichtsdiener.
Halt du dein Maul, guter Freund.

Dromio von Ephesus.
Beredet ihn vielmehr, daß er seine Hände halte.

Antipholis von Ephesus.
Du Hurensohn von einem sinnlosen Galgenschwengel.

Dromio von Ephesus. Ich wollt' ich wäre sinnlos, Herr, so würd' ich eure Schläge nicht fühlen.

Antipholis von Ephesus. Du bist für nichts empfindlich als für Schläge, wie ein andrer Esel auch.

Dromio von Ephesus. Daß ich ein Esel bin, daß ist wahr; das könnt ihr mit meinen langen Ohren beweisen. Ich hab' ihm von meiner Geburts-Stund' an gedient, und habe für alle meine Dienste noch nichts von ihm empfangen, als Ohrfeigen. Wenn mich friert, so wärmt er mich mit Schlägen; wenn mir warm ist, so kühlt er mich mit Schlägen ab; er wekt mich mit Schlägen, wenn ich schlafe; und macht mich mit Schlägen aufstehn, wenn ich size; mit Schlägen treibt er mich zur Thür hinaus, wenn ich ausgehe, und bewillkommt mich wieder mit Schlägen, wenn ich zurükkomme; ich trage seine Schläge auf meinen Schultern, wie eine Bettlerin ihr Kind; und ich denke, wenn er mich lahm geschlagen hat, so werd ich noch damit von Haus zu Haus betteln gehen müssen.

{ed.-* Der Geist dieser Scherze ligt wie durchgängig in diesem Stük, in einem Wortspiel. (End), hat wie das deutsche Wort Ende, mehrere Bedeutungen —(- rope), heißt ein Seil, und (a rope's-end), (ein Ende von einem Seil,) ein

Strik. Antipholis befahl dem Dromio (a rope's-end) zu
kauffen; da er nun izt fragt, zu was End

(to what end)

schikt ich dich; so antwortet dieser: (to a rope's-end.)}

Neunte Scene.
(Adriana, Luciana, die Courtisane und Doctor Zwik, zu den
Vorigen.)

Antipholis von Ephesus.
Kommt weiter; ich sehe dort meine Frau kommen.

Dromio von Ephesus.
(Respice finem), Madam, schaut auf euer End; nehmt euch
vor dem
Strik in acht —

Antipholis von Ephesus.
Willst du das Maul halten.

(Er schlägt ihn wieder.)

Courtisane.
Was sagt ihr izt?Ist euer Mann nicht toll?

Adriana.
Ich kan nicht mehr daran zweiflen, da er so wild thut.
Lieber
Doctor Zwik, ihr seyd ein Beschwörer, gebt ihm seine
Vernunft
wieder, und fordert was ihr nur wollt dafür.

Luciana.

Au weh, wie feurig und wild er um sich schaut!

Courtisane.
Bemerkt, wie er vor Wuth zittert.

Zwik.
Gebt mir eure Hand, damit ich euern Puls befühlen kan.

Antipholis von Ephesus (giebt ihm eine Ohrfeige.)
Hier ist meine Hand, die euer Ohr befühlen soll.

Zwik. Ich beschwöre dich, Satan, der du diesen Mann
besessen hast, bey allen Heiligen des Himmels beschwör' ich
dich, auszufahren, und in deinen Ort der Finsterniß straks
zurük zu kehren.

Antipholis von Ephesus.
Stille, wahnwiziger Hexenmeister, ich bin nicht toll.

Adriana.
O wollte Gott, du wär'st es nicht, arme verrükte Seele!

Antipholis von Ephesus.
Ihr Schäzgen, ihr, sind das eure Gesellschafter? War es dieser
Geselle mit dem saffrangelben Gesicht hier, der heut in
meinem
Hause mit euch schmaußte und lustig machte, indessen daß
die Thüre
schändlicher Weise vor mir verschlossen, und der Eingang
in mein
Haus mir mit Gewalt verwehrt wurde?

Adriana. O mein lieber Mann, Gott weiß, daß ihr bey Hause
zu Mittag gegessen habt; wollte der Himmel ihr wäret dort
geblieben, und hättet euch nicht so öffentlich auf der Strasse
in ein böses Geschrey gebracht.

Antipholis von Ephesus (zu Dromio.)
Aß ich in meinem Hause zu Mittag, Galgenschwengel?Was
sagst du?

Dromio von Ephesus. Herr, die Wahrheit zu sagen, ihr habt
nicht bey Hause zu Mittag gegessen.

Antipholis von Ephesus. Waren meine Thüren nicht
verriegelt, und wurd' ich nicht ausgesperrt?

Dromio von Ephesus.
Parbleu, eure Thüren waren verriegelt, und ihr ausgesperrt.

Antipholis von Ephesus.
Und wies sie mich nicht selbst schimpflich ab?

Dromio von Ephesus.
Scherz (à part), sie wies euch schimpflich ab.

Antipholis von Ephesus.
Schimpfte und verspottete mich nicht ihr Küchen-Mensch?

Dromio von Ephesus.
Ma foi, die Küchen-Vestalin verspottete euch.

Antipholis von Ephesus.
Und gieng ich nicht endlich voller Wuth fort?

Dromio von Ephesus. (En verité), das thatet ihr; meine
Knochen sind Zeugen, die seitdem die Stärke eurer Wuth
gefühlt haben.

Adriana (zu Zwik.)
Ist es gut, ihm in diesen verkehrten Einfällen recht zu
geben?

Zwik.
Es ist nicht unrecht; der Kerl merkt wo es ihm fehlt, und,

um ihn
nicht noch mehr aufzubringen, sagt er zu allen seinen phrenetischen
Reden ja.

Antipholis von Ephesus (zu Adriana.) Du hast den Goldschmidt aufgehezt, daß er mich in Verhaft nehmen lassen sollte.

Adriana. Himmel! Durch diesen Dromio hier hab ich euch Geld geschikt, euch zu befreyen, da er in gröster Eil dafür gelauffen kam.

Dromio von Ephesus. Ihr schiktet Geld durch mich?Guten Willen mögt ihr wol geschikt haben; aber das versichre ich euch, nicht einen Heller Geld.

Antipholis von Ephesus.
Giengest du nicht zu ihr, um einen Beutel mit Ducaten zu holen?

Adriana.
Er kam zu mir, und ich gab ihn ihm.

Luciana.
Und ich bin Zeuge, daß sie es gethan hat.

Dromio von Ephesus.
Gott und der Seiler sind Zeugen, daß ich nach nichts als nach einem
Strik geschikt worden bin.

Zwik. Madam, der Herr und der Knecht ist einer so besessen als wie der andre; ich seh es an ihrem blassen und tödtlichen Aussehen; man muß sie binden, und in ein dunkles Gemach einsperren.

Antipholis von Ephesus. Sag', warum verschlossest du das Haus vor mir; und du, Kerl, warum läugnest du den Beutel mit Geld ab?

Adriana.
Ich habe euch nicht ausgeschlossen, mein lieber Mann.

Dromio von Ephesus. Und ich, mein lieber Herr, ich habe kein Gold empfangen; aber das bekenn' ich, Herr, daß wir ausgeschlossen worden sind.

Adriana.
Du verstellter Galgenstrik, du lügst beydes.

Antipholis von Ephesus. Du verstellte Meze, du bist in allem falsch, und hast dich mit einem verdammten Gesindel zusammen verschworen, mich um meine Ehre zu bringen, und zum Spott und Scheusal vor der Welt zu machen. Aber mit diesen Nägeln will ich dir diese falschen Augen ausreissen, welche ihre Lust daran sehen wollen, daß ein so schändliches Spiel mit mir getrieben wird. (Drey oder vier Kerle treten auf, und erbieten sich, ihn zu binden; er wehrt sich.)

Adriana.
O bindet, bindet ihn, laßt ihn mir nicht nahe kommen.

Zwik.
Noch mehr Leute—Der böse Feind ist mächtig in ihm.

Luciana.
O weh, der arme Mann, wie bleich und verstellt er aussieht!

Antipholis von Ephesus.
Wie, wollt ihr mich ermorden?Du, Gerichtsdiener, ich bin dein
Gefangner; willst du leiden, daß sie mich dir entführen?

Gerichtsdiener. Ihr Herren, laßt ihn gehen; er ist mein Gefangner, und ihr sollt ihn nicht haben.

Zwik. Geht, bindet diesen Mann auch, er ist so gut mondsüchtig als die andern.

Adriana.
Was willt du hier, du unverständiger Gerichtsdiener?Was für eine
Freude hast du daran, zu sehen, daß ein armer verrükter Mann sich
selbst Schaden und Leids zufügt?

Gerichtsdiener. Er ist mein Gefangner; wenn ich ihn gehen lasse, muß ich die Schuld bezahlen, wegen welcher er in Verhaft gekommen ist.

Adriana. Ich will dich stehendes Fusses befriedigen; führe mich nur zu seinem Geläubiger;

(Sie binden Antipholis und Dromio.)

sobald ich weiß, wie hoch sich die Schuld beläuft, will ich sie bezahlen. Lieber Herr Doctor, sorget dafür, daß er unversehrt heim in mein Haus gebracht werde. O unglükseliger Tag!

Antipholis von Ephesus.
O unglükselige Meze!

Dromio von Ephesus.
Herr, ich bin hier euertwegen in Banden.

Antipholis von Ephesus.
Geh' zum T** du Galgenschwengel! Willst du mich rasend machen?

Dromio von Ephesus. Wollt ihr denn um nichts gebunden

seyn?Raset, mein lieber Herr; ruft, der Teufel —

Luciana.
Gott helf uns! Die armen Tröpfe, was sie für Reden führen!

Adriana.
Geht, führt ihn weg; Schwester, bleib du bey mir.

(Zwik, Antipholis und Dromio gehen ab.)

Nun, sagt mir, auf wessen Klag ist er im Verhaft?

Gerichtsdiener.
Auf eines Goldschmidts, Namens Angelo; kennt ihr ihn?

Adriana.
Ja; wie viel ist er ihm schuldig?

Gerichtsdiener.
Zweyhundert Ducaten.

Adriana.
Und wofür?

Gerichtsdiener.
Für eine Kette, die euer Mann von ihm hatte.

Adriana. Er bestellte eine Kette für mich, aber er hat sie noch nicht empfangen.

Courtisane. Gleich darauf, nachdem euer Mann in seiner Tollheit in mein Haus eingefallen war, und mir meinen Ring genommen hatte, begegnet' ich ihm auf der Strasse, und sah' daß er eine Kette am Halse trug.

Adriana. Es mag seyn, aber ich habe sie nie gesehen. Kommt, Gerichtsdiener, führt mich zu dem Goldschmidt; es verlangt mich sehr, die Umstände von der Sache zu erfahren.

Zehnte Scene. (Antipholis von Syracus mit gezognem
Degen, und Dromio von Syracus zu den Vorigen.)

Luciana.
Um's Himmels willen, sie sind schon wieder los.

Adriana. Und kommen mit blassen Degen auf uns zu; wir
wollen um Hülfe ruffen, daß wir sie wieder binden können.

Gerichtsdiener.
Fort, fort, oder sie bringen uns um.

(Sie lauffen davon.)

Antipholis von Syracus.
Ich sehe, diese Hexen fürchten sich vor blossen Degen.

Dromio von Syracus.
Sie, die eure Frau seyn wollte, lief izt zuerst davon.

Antipholis von Syracus. Komm, zum Centaur, und hol dort
unsre Sachen ab; ich kan es kaum erwarten, bis wir mit
ganzer Haut von hinnen und am Bord sind.

Dromio von Syracus. Glaubt mir, bleibt diese Nacht noch
hier; sie thun uns gewiß nichts; ihr habt ja gesehen, daß sie
freundlich mit uns redten und uns Gold gaben; mich
däucht, sie sind ein so leutseliges Volk, daß, wenn der Berg
von abgestandnem Fleisch nicht wäre, der ehliche
Ansprüche an mich macht, ich recht von Herzen gern
immer hier bleiben, und selbst ein Zauberer werden möchte.

Antipholis von Syracus. Nicht um die ganze Stadt wollt' ich

hier über Nacht bleiben; fort also, und pake unser Zeug
zusammen.

(Sie gehen ab.)

Fünfter Aufzug.

Erste Scene.
(Eine Strasse vor einem Frauen-Kloster.)
(Der Kauffmann und Angelo treten auf.)

Angelo. Es ist mir sehr leid, mein Herr, daß ich euch habe
aufhalten müssen; ich versichre euch aber, er hatte von mir
eine Kette, ob er's gleich so schändlicher Weise läugnet.

Kauffmann.
Was für einen Namen hat der Mann sonst in der Stadt?

Angelo. Einen sehr ehrenvollen Namen, mein Herr; er ist
ein Mann von unendlichem Credit, sehr beliebt, und weicht
keinem einzigen in der Stadt, wer es sey; ein Wort von ihm
gilt immer soviel, als mein ganzes Vermögen.

Kauffmann.
Redet leise; mir däucht, dort seh ich ihn gehen. (Antipholis
und
Dromio von Syracus treten auf.)

Angelo. Es ist so; und er trägt eben diese Kette um seinen
Hals, die er empfangen zu haben auf eine so unerhörte Art
wegläugnete. Mein werther Herr, kommt mit mir, ich will
ihn anreden—Herr Antipholis, ich verwundre mich nicht
wenig, warum ihr mich in solche Schmach und Unruh habt

sezen mögen, und daß ihr nicht wenigstens für eure eigne
Ehre mehr Sorge getragen, als mit solchen Umständen und
Schwüren diese Kette abzuläugnen, die ihr izt so öffentlich
am Halse tragt?Ausser der Beschimpfung und dem Verhaft,
so ihr mir und euch selbst zugezogen, habt ihr diesem
meinem wakern Freund einen grossen Schaden zugefügt,
indem er, durch unsern Streit aufgehalten, um die
Gelegenheit, heute von hier abzufahren, gekommen ist.
Könnt ihr's läugnen, daß ihr diese Kette von mir hattet?

Antipholis von Syracus.
Ich denk', ich hatte sie von euch; ich hab' es nie geläugnet.

Kauffmann.
Ja, das thatet ihr, Herr; und schwuret noch dazu.

Antipholis von Syracus.
Wer hörte mich's läugnen und verschwören?

Kauffmann. Diese meine Ohren, du weißt es, hörten dich;
schäme dich, niederträchtiger Mann; es ist zu bedauren, daß
es dir erlaubt ist, unter ehrlichen Leuten frey herum zu
gehen.

Antipholis von Syracus. Du selbst bist ein Schurke, mir
solche Dinge schuld zu geben; ich will diesen Augenblick
meine Ehre und meine Unschuld gegen dich beweisen,
wenn du das Herz hast, stand zu halten.

Kauffmann.
Das hab' ich, und fordre dich als einen Schurken heraus —

(Sie ziehen den Degen.)

Zweyte Scene.

(Adriana, Luciana, Courtisane, und andre zu den Vorigen.)

Adriana. Haltet ein, thut ihm kein Leid, um Gottes willen haltet ein; er ist rasend; bemächtigt euch seiner, ihr; nehmt ihm seinen Degen; bindet den Dromio auch, und führt sie in mein Haus.

Dromio von Syracus. Lauft, Herr, lauft; um Gottes willen, flüchtet euch in ein Haus; hier ist ein Kloster, denk' ich; hinein, oder wir sind verlohren.

(Sie lauffen in das Kloster.)
Die Frau Abbtißin tritt nach einer Weile auf.)

Abbtissin.
Seyd ruhig, ihr Leute; warum drängt ihr euch so zu?

Adriana. Um meinen armen verrükten Mann abzuholen; laßt uns hinein, damit wir ihn binden, und heim führen, um ihn wieder zurechte zu bringen.

Angelo.
Ich merkt's, daß er nicht recht bey Vernunft seyn müsse.

Kauffmann.
Wenn es so ist, so ist mir leid, daß ich gegen ihn gezogen habe.

Abbtissin.
Wie lang' ist der Mann schon in diesem Zustande?

Adriana. Diese ganze Woche war er immer schwermüthig, dunkel und niedergeschlagen, und gar nicht, gar nicht mehr der Mann, der er ehmals war; aber bis zu diesem Nachmittag ist seine Krankheit nie bis zur völligen Wuth ausgebrochen.

Abbtissin. Hat er etwann durch einen Schiffbruch grosses

Gut verlohren?Hat er vielleicht irgend einen geliebten
Freund begraben?Oder haben etwann seine Augen sein
Herz zu einer gesezwidrigen Liebe verleitet?Eine Sünde, die
bey jungen Männern, die ihren Augen die Freyheit
herumzuschweiffen gestatten, nur allzugewöhnlich ist.
Welches von diesen dreyen ist die Ursache seiner
Zerrüttung?

Adriana.
Keine davon, es müßte dann die lezte seyn; nemlich, irgend
eine
Liebe, die ihn oft aus seinem Hause zog.

Abbtissin.
Ihr hättet ihn deßwegen zur Rede stellen sollen.

Adriana.
Ey, das that ich auch.

Abbtissin.
Ja, aber nicht scharf genug.

Adriana.
So scharf, als es mir meine Schamhaftigkeit erlauben wollte.

Abbtissin.
Vermuthlich nur, wenn ihr allein waret.

Adriana.
Nein, auch vor andern Leuten.

Abbtissin.
Aber vielleicht nicht oft genug.

Adriana. O, es war der beständige Innhalt unsers Umgangs;
im Bette schlief er nicht, so sehr rükt' ich's ihm vor; bey
Tische aß er nicht, so sehr rükt ich's ihm vor; allein, war es

das Thema meiner Beschwerungen; in Gesellschaft stichelt' ich immer darauf; unaufhörlich sagt ich ihm, wie schlimm und unrecht es sey.

Abbtissin. Und daher kam es, daß der Mann närrisch wurde. Das giftige Geschrey eines eifersüchtigen Weibes verwundet tödtlicher als der Biß eines wüthenden Hunds. Du gestehst, daß ihn dein Schmälen nicht schlafen gelassen, daher kam es daß ihm sein Hirn austroknete; du sagst, du habest ihm sein Essen mit deinen Vorwürfen gewürzt, unruhige Mahlzeiten verursachen üble Verdauung: Daher zulezt das tobende Feuer des Fiebers, und was ist Fieber anders als ein Anstoß von Raserey?Du sagst, dein Gezänke hab' ihn bis in seine Ergözungs- Stunden verfolgt; wenn einem Mann alle angenehme Zeitkürzung verwehrt wird, was kan daraus erfolgen, als düstre Melancholie, ein verstörtes Temperament, ein zähes Blut, und verdorbne Feuchtigkeiten, die endlich das Leben selbst untergraben?In seiner Nahrung, in seinen Ergözungen, und in seinem Schlaf gestört werden; das wäre genug, einen Menschen zu einem Thier zu machen. Der Schluß ist also leicht gemacht, daß es bloß deine eifersüchtigen Grillen sind, die deinen Mann um seinen Verstand gebracht haben.

Luciana.
Sie macht' ihm niemals andre Vorstellungen als sehr gelinde, da er
hingegen sich mürrisch und wild aufführte—Warum leidet ihr diese
Vorwürfe so geduldig, Schwester?Warum antwortet ihr nicht?

Adriana. Sie hat mir das Gewissen ein wenig gerührt.—
Lieben Leute, geht hinein, und bemächtigt euch seiner.

Abbtissin. Nein, kein lebender Mensch untersteh' sich in

mein Haus einzudringen.

Adriana.
So laßt eure Bedienten meinen Mann heraus bringen.

Abbtissin. Auch diß nicht; er wählte diesen heiligen Ort zu
seiner Freystatt, und er soll darinn vor euern Händen sicher
seyn; er soll so lange darinn bleiben, bis ich ihn wieder
zurechte gebracht, oder alle meine Mühe im Versuch
verlohren habe.

Adriana. Ich will meinem Mann schon abwarten, ich will
seine Krankenwärterin seyn, es ist (meine) Pflicht; ich will
keine andre Wärterin bey ihm leiden, als mich selbst; und
also gestattet, daß ich ihn mit nach Hause nehme.

Abbtissin. Geduldet euch, ich werd' ihn ganz gewiß nicht
fortlassen, bis ich meine bewährten Mittel an ihm versucht
haben werde. Gesunde Säfte, Tränke und heilige Fürbitten,
werden ihn, wie ich hoffe, in den gehörigen Stand wieder
herstellen; es ist eine Pflicht der Christlichen Milde, die mein
Ordens-Gelübde mir auflegt; begebt euch also weg, und laßt
ihn hier bey mir.

Adriana.
Ich will nicht fort, und meinen Mann hier lassen; es steht
Euer
Hochwürden sehr übel an, Mann und Weib von einander
trennen zu
wollen.

Abbtissin.
Sey ruhig und geh', du sollst ihn nicht haben.

Luciana.
Beschwert euch bey dem Herzog über diese
Gewaltthätigkeit.

(Die Abbtissin geht ab.)

Adriana. Kommt mit mir; ich will ihm zu Füssen fallen, und
nicht aufstehen, bis meine Thränen und Bitten Se.
Durchlaucht gewonnen haben, in eigner Person hieher zu
kommen, und meinen Mann der Abbtißin mit Gewalt
abzunehmen.

Kauffmann. Ich seh' an der Uhr, daß es bald fünfe seyn
wird; ich bin versichert, der Herzog wird nicht lange mehr
verziehen, in Person diesen Weg zu kommen, zu dem
melancholischen Thal hinter den Gräben der Abbtey hier,
wo die zum Tode Verurtheilten gerichtet zu werden pflegen.

Angelo.
Warum dieses?

Kauffmann.
Um einen Syracusischen Kauffmann sterben zu sehen, der
unglüklicher
Weise gegen die Geseze dieser Stadt, hier angeländet ist, und
deßwegen den Kopf verliehren muß.

Angelo.
Seht, da kommen sie schon; wir wollen der Hinrichtung
zusehen.

Luciana (zu Adriana.) Thut einen Fußfall vor dem Herzog,
indem er bey der Abtey vorbeygeht.

Dritte Scene.
(Der Herzog, und sein Gefolge, Aegeon mit blassem Haupt,
der
 Nachrichter und andre Gerichtsdiener treten auf.)

Herzog.

Noch einmal ruft es öffentlich aus; wenn irgend ein Freund die

Summe für ihn bezahlen will, so soll er nicht sterben; das ist alles, was wir für ihn thun können.

Adriana.

Justiz, Gnädigster Herr, gegen die Abbtißin.

Herzog. Sie ist eine tugendhafte und ehrwürdige Frau; es kan nicht seyn, daß sie dir unrecht gethan haben sollte.

Adriana. Erlaubet mir zu reden, Gnädigster Herr; Antipholis, mein Mann, (den ich auf euere vollgültige Empfehlung zum Herrn von meiner Person und meinem Vermögen machte,) bekam an diesem unglüklichen Tag einen so heftigen Anstoß von Raserey, daß er in seiner Tollheit durch die Strassen lief, und den Leuten in der Stadt Ungemach zufügte, indem er in die Häuser einfiel, und Ringe, Juweelen, und was ihm nur in der Wuth anständig war, mit sich nahm. Ich bemächtigte mich endlich seiner, ließ ihn binden und heimbringen; indeß daß ich den Schaden zu vergüten bemüht war, den er hier und da in der Raserey angerichtet hatte. Allein er riß, ich weiß nicht wie, sich von denen wieder los die ihn hüten sollten, und begegnete uns, er und sein Knecht, der so rasend als sein Herr ist, abermal voller Wuth und mit gezognem Degen auf der Strassen, fiel uns an, und jagte uns fort; wie wir aber in stärkerer Anzahl zurük kamen, um sie zu binden, flohen sie in diese Abbtey, wohin wir ihnen folgten; und hier schlägt die Abbtißin die Thüre vor uns zu, und will weder leiden, daß ihr ihn holen, noch ihn heraus schiken, damit wir ihn forttragen können. Laßt also, Gnädigster Herr, laßt ihn auf euern Befehl heraus gebracht, und zu seiner Wiederherstellung heimgetragen werden.

Herzog. Dein Mann hat mir vor langer Zeit schon in meinen Kriegen gute Dienste gethan; und ich versprach dir, (da du ihn zum Herrn von deinem Bette machtest,) bey meinem fürstlichen Wort, daß ich ihm allezeit so viel Gnade und Gutes beweisen wolle, als ich könne. Geh' jemand von euch, und klopfe an der Pforte an, und heisse die Abbtißin zu mir heraus kommen; ich will diese Sache ausmachen, eh ich weiter gehe.

Vierte Scene.
(Ein Bote zu den Vorigen.)

Bote. O Frau, Frau, eilet und rettet euch; mein Herr und sein Diener haben sich beyde losgerissen, die Mägde im Reihen herum geprügelt, und den Doctor gebunden; sie haben ihm den Bart mit Feuerbränden angestekt, und da er aufloderte, gossen sie ganze Kübel voll Mistpfüzen-Wasser über ihn her, um das Haar wieder zu löschen: Mein Herr predigt ihm Geduld, und unterdessen zwikt ihn sein Diener mit einer Scheere, daß er närrisch werden möchte; wenn ihm nicht augenbliklich jemand zu Hülfe geschikt wird, so bin ich gewiß, sie werden den armen Teufelsbanner ums Leben bringen.

Adriana. Schweige, du alberner Kerl, dein Herr und sein Diener sind hier; es ist alles falsch was du uns da erzählst.

Bote. Frau, auf mein Leben, ich sagte euch die Wahrheit; ich habe kaum Athem geholt, seitdem ich es mit meinen Augen gesehen habe; er tobt entsezlich über euch, und schwört, wenn er euer habhaft werde, so woll' er euch so zeichnen, daß ihr euch selbst nimmermehr gleich sehen sollet.

(Man hört ein Geschrey hinter der Bühne.)

Horcht, horcht, ich hör ihn, Frau; flieht, flieht.

Herzog.
Kommt, steht neben mich, fürchtet nichts; Wache, habet
Acht!

Adriana. Weh mir, es ist mein Mann; ihr seyd Zeugen, daß
er unsichtbar wieder heraus gekommen ist. Eben izt sahen
wir ihn in die Abbtey hier hinein flüchten, und nun ist er
hier, ohne daß ein Mensch begreiffen kan, wie es
zugegangen ist.

Fünfte Scene.
(Antipholis und Dromio von Ephesus zu den Vorigen.)

Antipholis von Ephesus. Justiz, Gnädigster Herr, o, lasset
mir Justiz angedeyhen. Um des Dienstes willen den ich euch
einst that, da ich in der Schlacht meinen Leib zu euerm
Schild machte, und die Wunden auffieng, die auf euch
gezielt waren; um des Blutes willen, so ich damals verlohr,
euer Leben zu retten; lasset mir izt Justiz angedeyhen.

Aegeon.
Wenn Todesfurcht mein Auge nicht verfälscht, seh' ich hier
meinen
Sohn Antipholis und Dromio.

Antipholis von Ephesus. Justiz, theurer Fürst, gegen dieses
Weibsbild hier; sie, die ihr selbst mir zum Weibe gegeben
habt, und die mich auf den äussersten Grad betrogen und
beschimpft hat. Sie übersteigt alles was man sich einbilden
kan, die Beleidigung, so sie mir heute angethan hat.

Herzog.
Erzähle worinn, und du sollst mich gerecht finden.

Antipholis von Ephesus. An diesem heutigen Tag, grosser Herzog, schloß sie die Thüre vor mir zu, und schmaußte indessen mit Huren in meinem Hause.

Herzog.
Ein schweres Vergehen; sag', Weibsbild, thatest du das?

Adriana. Nein, Gnädigster Herr; ich selbst, er und meine Schwester haben heute mit einander zu Mittag gegessen; möge meine Seele verlohren seyn, wenn dieses falsch ist; er legt mir das ungebührlich zu.

Luciana.
Nimmermehr mög' ich den Tag wieder sehen, wenn das nicht die reine
Wahrheit ist, was sie Euer Durchlaucht gesagt hat.

Angelo. O meineidige Weibsstüke! Sie schwören beyde falsch; hierinn klagt sie der tolle Mann mit Recht an.

Antipholis von Ephesus. Gnädigster Herr, ich weiß was ich rede; ich bin weder betrunken noch von Zorn und Wuth verrükt, ob ich gleich auf eine Art beleidiget bin, die einen gescheidtern Mann als ich bin, rasend machen könnte. Dieses Weibsbild rigelte mich heut, um Mittagessens- Zeit zum Hause hinaus; dieser Goldschmidt hier, wenn er nicht mit ihr in Verständniß wäre, könnt' es bezeugen, denn er war damals bey mir; und hernach verließ er mich um eine Kette zu holen, die er mir ins Stachelschwein zu bringen versprach, wo Balthasar und ich mit einander zu Mittag assen. Wie wir gegessen hatten, und er nicht kam, gieng ich aus, ihn aufzusuchen; ich traf ihn auf der Strasse an, und diesen Herrn hier in seiner Gesellschaft. Hier schwur mich dieser meineidige Goldschmidt zu Boden, daß ich die Kette würklich schon von ihm empfangen hätte, die ich doch,

75

weiß Gott, nicht gesehen habe; und um deswillen ließ er mich durch einen Gerichtsdiener in Verhaft nehmen. Ich bequemte mich, und schikte meinen Kerl um eine Summe Ducaten nach Hause, er brachte mir aber nichts zurük. Darauf bat ich den Gerichtsdiener höflich, daß er in Person mit mir in mein Haus gehen möchte. Unterwegs traffen wir auf mein Weib, ihre Schwester, und ein ganzes Pak ihrer nichtswürdigen Mitgenossen; sie brachten einen gewissen Zwik mit, einen ausgehungerten dürren Spizbuben, ein pures Gerippe, einen Marktschreyer, der den Leuten wahrsagt, einen armseligen, hol- augichten, scharfblikenden Tropf, einen lebendigen Todten-Körper; dieser verfluchte Lumpen-Kerl, den sie als einen Beschwörer mitgebracht hatten, gaffte mir in die Augen, fühlte mir den Puls, und schrie: Ich sey besessen. Sogleich fielen sie alle über mich her, banden mich, führten mich heim, und liessen mich und meinen Knecht dort, beyde zusammengebunden, in einem dunkeln und dumpfigen Gewölbe ligen; bis ich, nachdem ich meine Bande mit den Zähnen von einander gebissen, meine Freyheit wieder erhielt, und unmittelbar hieher zu Eu. Durchlaucht lief; welche ich ersuche, mir wegen solcher unerhörten Beschimpfungen und Kränkungen die vollständigste Genugthüung zu verschaffen.

Angelo. Gnädigster Herr, in so weit kan ich ihm Zeugniß geben, daß er nicht bey Hause zu Mittag aß, sondern hinaus geschlossen wurde.

Herzog.
Aber hatte er eine solche Kette von dir, oder nicht?

Angelo. Er hatte sie, Gnädigster Herr, und da er hieher gelauffen kam, sahen diese Leute, daß er die Kette am Halse trug.

Kauffmann. Überdiß kan ich darauf schwören, daß diese

meine Ohren euch bekennen gehört haben, daß ihr die Kette von ihm empfangen, nachdem ihr vorher auf dem Markte das Gegentheil geschworen hattet; ich zog deßwegen den Degen gegen euch, und da flohet ihr in diese Abtey hier, aus der ihr, denk ich, durch ein Wunderwerk wieder heraus gekommen seyn müßt.

Antipholis von Ephesus. Ich bin niemals in diese Abtey hinein gekommen, und niemals hast du deinen Degen gegen mich gezogen; auch hab ich, so wahr mir der Himmel helfe, die Kette nie gesehen; ihr beschuldiget mich alles dessen mit Unrecht.

Herzog. Wie, was für ein verworrener Handel ist das?Ich glaube, ihr habt alle aus Circe's Becher getrunken: Wenn ihr ihn in dieses Kloster getrieben hättet, so würd' er drinn seyn; wenn er rasend wäre, so würd' er seine Klage nicht mit so kaltem Blut vorbringen. Ihr sagt er habe zu Hause mit euch zu Mittag gegessen; der Goldschmidt hier widerspricht euch das—Kerl, was sagst du?

Dromio von Ephesus.
Gnädigster Herr, er aß mit dieser hier zu Mittag, im Stachelschwein.

Courtisane.
Das that er, und da zog er mir den Ring vom Finger.

Antipholis von Ephesus.
Das ist wahr, Gnädigster Herr, diesen Ring hatt' ich von ihr.

Herzog (zur Courtisane)
Sahst du ihn in die Abbtey hier hinein gehen?

Courtisane.
So gewiß, Gnädigster Herr, als ich izt Eu. Durchlaucht sehe.

Herzog. Wie, das ist wunderlich; geht, ruft die Abbtißin heraus; ich denke ihr seyd alle bezaubert oder toll.

(Einer geht zu der Abbtissin ab.)

Sechste Scene.

Aegeon.
Großmächtigster Herzog, verstattet mir ein Wort zu reden: Ich sehe
hier glüklicher Weise einen Freund, der mein Leben retten, und mein
Lösegeld bezahlen wird.

Herzog.
Rede frey, Syracusaner, was du willst.

Aegeon (zu Antipholis.)
Mein Herr, ist euer Name nicht Antipholis?Und ist das nicht euer
Sclave, Dromio?Ich bin gewiß, ihr werdet mich beyde kennen—Wie?
Warum seht ihr mich so fremd an?Ihr kennet mich wol.

Antipholis von Ephesus.
Ich hab' euch, bis izt, in meinem Leben nicht gesehen.

Aegeon. O! Gram und Kummer haben mein Gesicht unkenntlich gemacht, seitdem wir das leztemal uns sahen; aber sag' mir, kennst du nicht wenigstens meine Stimme?

Antipholis von Ephesus.
Eben so wenig.

Aegeon.

Du auch nicht, Dromio?

Dromio von Ephesus.
Nein, meiner Treu, Herr, ich nicht.

Aegeon.
Ich bin gewiß, du kennst mich!

Dromio von Ephesus.
Und ich bin gewiß, daß ich euch noch nie gesehen hab' als
izt!

Aegeon. Meine Stimme nicht mehr kennen! O Zeit, hast du
denn in sieben kurzen Jahren meine arme Zunge so
gebrochen, daß mein einziger Sohn hier ihren sorgenvollen
Ton nicht mehr erkennt?Obgleich diß mein graues Gesicht
in des saftverzehrenden Winters Schnee eingehüllt ist, und
alle Canäle meines Bluts zugefroren sind; so hat doch die
Nacht meines Lebens einiges Gedächtniß, meine
ausgebrannte Lampe noch einen schwachen Schimmer
übrig, und meine tauben Ohren noch ein wenig Gehör; alle
diese Zeugen lassen mich nicht irren, indem sie mir sagen,
daß du mein Sohn Antipholis bist.

Antipholis von Ephesus.
In meinem Leben hab' ich meinen Vater nie gesehen.

Aegeon. Und doch weißst du, daß es erst sieben Jahre sind,
daß wir in der Bay von Syracus von einander Abschied
nahmen; aber vielleicht schämest du dich izt, mein Sohn,
mich in meinem elenden Zustande zu erkennen.

Antipholis von Ephesus.
Der Herzog und alle in der Stadt die mich kennen, können
meine
Zeugen seyn, daß es nicht so ist; ich habe Syracus in
meinem Leben

nie gesehen.

Herzog. Ich sage dir, Syracusaner, zwanzig Jahre bin ich des Antipholis Patron gewesen, und in dieser ganzen Zeit hat er Syracus nie gesehen. Ich sehe, dein Alter und die Todesfurcht machen dich schwärmen.

Siebende Scene.
(Die Abbtißin mit Antipholis und Dromio von Syracus zu den Vorigen.)

Abbtissin. Gnädigster Herr, sehet hier einen Mann, dem das gröste Unrecht geschehen ist.

(Alle drängen sich, ihn zu sehen.)

Adriana. Was seh ich?betrügen mich meine Augen?Ich seh meinen Mann gedoppelt.

Herzog.
Einer von diesen beyden Männern ist der Genius des andern. Und so
ist es auch mit diesen. Welcher von Beyden ist der natürliche Mensch, und welcher der Geist?Wer entziefert sie?

Dromio von Syracus.
Ich, Herr, bin Dromio; heißt ihn fortgehen.

Dromio von Ephesus.
Ich bin Dromio, Herr; laßt mich da bleiben.

Antipholis von Syracus.
Bist du nicht Aegeon, mein Vater?oder bist du sein Geist?

Dromio von Syracus.

O! mein guter alter Herr, wer hat euch so gebunden?

Abbtissin. Wer ihn auch so gebunden haben mag, ich will ihn los machen, und durch seine Freyheit einen Ehemann gewinnen. Rede, alter Aegeon, wenn du der Mann bist, der einst ein Weib, Aemilia genannt, hatte, die dir auf einmal zween schöne Söhne gebahr?O wenn du eben dieser Aegeon bist so rede, und rede zu eben dieser Aemilia.

Herzog. Wie, hier fangt die Geschichte, die er diesen Morgen erzählte, sich zu entwikeln an; diese zween Antipholis und diese zween Dromio sind diese Brüder, die nicht von einander unterschieden werden konnten; hier sind die Eltern dieser Kinder, und der Zufall hat sie heute zusammen gebracht.

Aegeon. Wenn ich nicht träume, so bist du Aemilia, wenn du sie bist, so sage mir wo ist der Sohn, der mit dir auf dem fatalen Boote schwamm?

Abbtissin. Er und ich, und der Zwilling Dromio, wurden alle von Männern von Epidamnum aufgefangen; allein bald darauf nahmen ihnen rohe Fischers-Leute von Corinth, Dromio und meinen Sohn mit Gewalt ab, und mich liessen sie bey denen von Epidamnum. Was hernach aus ihnen wurde, kan ich nicht sagen; ich bin in diesen Stand gekommen, worinn ihr mich seht.

Herzog (zum Antipholis von Syracus.)
Antipholis, du kamst ja anfangs von Corinth hieher?

Antipholis von Syracus.
Nicht ich, Gnädigster Herr; ich kam von Syracus.

Herzog. Stellt euch einander gegen über; ich verwechsle euch immer mit einander.

Antipholis von Ephesus.
Ich kam von Corinth, Gnädigster Herr.

Dromio von Ephesus.
Und ich mit ihm.

Antipholis von Ephesus.
Von dem berühmten Helden, dem Herzog Menaphon, euerm ehren-vollen
Oheim, in diese Stadt gebracht.

Adriana.
Welcher von euch beyden aß heute mit mir zu Mittag?

Antipholis von Syracus.
Ich, werthe Madam.

Adriana.
Ihr seyd also nicht mein Mann?

Antipholis von Ephesus.
Nein, dazu sag' ich nein.

Antipholis von Syracus. Das thu ich auch, ob ihr mich gleich so nenntet, und dieses schöne Frauenzimmer, eure Schwester, mich Bruder hieß. Was ich euch damals sagte, werde ich, wie ich hoffe, Gelegenheit bekommen, zu bestätigen, wenn anders das, was ich sehe und höre nicht ein Traum ist.

Angelo.
Diß ist die Kette, mein Herr, die ihr von mir bekamet.

Antipholis von Syracus.
Ich denk' es ist so; ich läugn' es nicht.

Antipholis von Ephesus.
Und ihr, Herr, seztet mich um dieser Kette willen in Verhaft?

Angelo.
Ich denk', ich that es; ich läugn' es nicht.

Adriana. Ich schikt' euch durch den Dromio Geld, mein
Herr, um euch wieder frey zu machen; aber, ich denk, er
bracht' es euch nicht.

Dromio von Ephesus.
Nicht durch mich.

Antipholis von Syracus. Diesen Beutel mit Ducaten erhielt
ich von euch, und Dromio, mein Sclave, bracht ihn mir. Ich
sehe, wir begegneten immer einer des andern seinem Diener,
und er wurde für mich, und ich für ihn gehalten; und
daraus entstanden alle diese Irrungen.

Antipholis von Ephesus.
Diese Ducaten verpfände ich für meinen Vater hier.

Herzog.
Es ist nicht nöthig, dein Vater hat sein Leben.

Courtisane.
Mein Herr, ich muß diesen Diamant wieder haben.

Antipholis von Ephesus.
Hier nehmt ihn, und grossen Dank für meine gute
Bewirthung.

Abbtissin. Gnädigster Herzog, geruhet die Mühe zu
nehmen, und mit uns in diese Abbtey hier zu gehen, und
der umständlichen Erzählung aller unsrer Schiksale
zuzuhören; und ihr alle hier, die durch den
sympathetischen Irrthum dieses Tages Unrecht erlidten
habt, kommt und leistet uns Gesellschaft, und ihr sollt
vollständige Genugthüung erhalten. Fünf und zwanzig

Jahre, meine Söhne, bin ich mit euch in Kinds-Nöthen gewesen, und erst in dieser glüklichen Stunde, bin ich meiner schweren Bürden entbunden. Der Herzog, mein Mann, meine beyden Kinder, und ihr, die Calender ihrer Geburt, sollen alle mit mir zu einem Gevatterschmaus kommen, und nach so vielem Weh über diese Geburt sich mit mir freuen.

Herzog.
Von Herzen gern will ich euer frölicher Gast seyn.

(Sie gehen ab.)

Achte Scene.
(Die beyden Antipholis, und die beyden Dromio bleiben.)

Dromio von Syracus.
Herr, soll ich euere Sachen wieder von dem Schiff abholen?

Antipholis von Ephesus.
Dromio, was für Sachen von mir hast du eingeschifft?

Dromio von Syracus.
Eure Waaren, Herr, die in unserm Gasthof zum Centaur lagen.

Antipholis von Syracus. Er redt mit mir; ich bin euer Herr, Dromio. Kommt, geht mit uns, wir wollen hernach für das sorgen; umarme deinen Bruder hier, freut euch mit einander.

(Die beiden Antipholis gehen ab.)

Dromio von Syracus.
Es ist eine gewisse fette Freundin in euers Herrn Haus, die mich

heut beym Essen in der Küche für euch ansah; sie wird nun meine
Schwester seyn, nicht mein Weib.

Dromio von Ephesus. Mir däucht, ihr seyd mein Spiegel, nicht mein Bruder; ich seh' an euch, daß ich ein hübscher junger Kerl bin; wollt ihr hinein gehen, und sehen wie sie sich lustig machen?

Dromio von Syracus.
Nicht ich; ihr seyd ja mein älterer Bruder.

Dromio von Ephesus.
Das ist noch die Frage; wie wollt ihr das beweisen?

Dromio von Syracus. Wir wollen Halme ziehen, wer der ältere sey; bis dahin, geht ihr zuerst.

Dromio von Ephesus.
Nein, so soll es seyn.

(Er schlingt den Arm um ihn.)

Wir kamen zugleich mit einander in die Welt, und Hand in Hand wollen wir auch hier neben einander hinein gehen.

(Sie gehen ab.)

Die Irrungen, von William Shakespeare
(Übersetzt von Christoph Martin Wieland)

www.ingramcontent.com/pod-product-compliance
Lightning Source LLC
Chambersburg PA
CBHW031453270326

41930CB00007B/971